Hasta el fin de los tiempos

Hasta el fin de los tiempos

Jack W. Hayford

Editor general

GRUPO NELSON
Una división de Thomas Nelson Publishers
Desde 1798

NASHVILLE   DALLAS   MÉXICO DF.   RÍO DE JANEIRO

© 2010 por Grupo Nelson®
© 1995 por Editorial Caribe
Publicado en Nashville, Tennessee, Estados Unidos de América. Grupo Nelson, Inc. es
una subsidiaria que pertenece completamente a Thomas Nelson, Inc. Grupo Nelson es
una marca registrada de Thomas Nelson, Inc. www.gruponelson.com

Título en inglés: *Until the End of Time: Revealing the Future of Humankind*
© 1994 por Jack W. Hayford
Publicado por Thomas Nelson, Inc.

A menos que se indique lo contrario, todos los textos bíblicos han sido tomados de la
Santa Biblia, Versión Reina-Valera 1960 © 1960 por Sociedades Bíblicas en América
Latina, © renovado 1988 por Sociedades Bíblicas Unidas. Usados con permiso.
Reina-Valera 1960® es una marca registrada de la American Bible Society, y puede ser
usada solamente bajo licencia.

Traducción: *Miguel A. Mesías*

ISBN: 978-0-89922-519-7

Impreso en Estados Unidos de América

CONTENIDO

En aprecio

Este estudio de Daniel y Apocalipsis es, en parte, un tributo al ministerio del Dr. Charles L. Hollis, quien como pastor, durante más de cuarenta y cinco años, del histórico *Gospel Temple* en Moline, Illinois, fue el primero en infundir en el escritor respeto y estima por la profecía bíblica y su cumplimiento moderno.

Acerca del Editor General

JACK W. HAYFORD, destacado pastor, maestro, escritor y compositor, es el Editor General de toda la serie, trabajando junto a la editorial en la planificación y desarrollo de cada uno de los libros.

El Dr. Hayford es pastor principal de *The Church On The Way*, la Primera Iglesia Cuadrangular de Van Nuys, California. Él y su esposa, Anna, tienen cuatro hijos casados, activos en el ministerio pastoral o en una vital vida de iglesia. Como Editor General de la *Biblia Plenitud*, el pastor Hayford dirigió un proyecto de cuatro años que ha dado como resultado la disponibilidad de una de las Biblias más prácticas y populares en la actualidad. Es autor de más de veinte libros, entre ellos: *Anhelo de plenitud, La belleza del lenguaje espiritual, La clave de toda bendición, La oración invade lo imposible*. Sus composiciones musicales abarcan más de cuatrocientas canciones, entre las que se incluye el muy difundido himno «Majestad».

Acerca del autor

GARY CURTIS es el Director Ejecutivo de *Living Way Ministries*, el ministerio de los medios de comunicación masiva de *The Church On The Way*, de Van Nuys, California. Su administración abarca las trasmisiones diarias (por radio) y semanales (por televisión) en más de quinientas emisoras. Su experiencia como dotado administrador y pastor la ha adquirido mediante su participación en el ministerio público durante más de veinticinco años, habiendo servido en el gran *Gospel Temple* en Moline, Illinois, junto al Dr. Charles Hollis, y en la Universidad Bíblica LIFE en Los Ángeles como Asistente Ejecutivo del Presidente.

Es graduado de la Universidad Bíblica LIFE, en donde sirve también como Presidente del Cuerpo Estudiantil. Ha cursado estudios de posgrado en el *Fuller Theological Seminary* (Pasadena), en la *Wheaton Graduate School of Theology* y en la *Trinity Evangelical Divinity School* en Illinois.

Gary y Alisa Curtis han estado casados durante casi treinta años y tienen dos hijas adultas, Carmen y Coleen, ambas activas en el ministerio.

Acerca de este colaborador el Editor General ha expresado: «No conozco a nadie que tenga un modelo de servicio a Cristo más firme y más confiable que Gary Curtis. Su confiabilidad y eficiencia da calidad y profundidad a todo lo que hace, sea en el estudio de la Palabra o al supervisar los detalles exigentes de la administración».

EL REGALO QUE SE DA CONTINUAMENTE

¿A quién no le gusta recibir regalos? Tanto si vienen envueltos en papeles de colores y preciosas cintas, como en bolsas de papel de estraza atados con un gastado cordón de zapatos. A niños y adultos de todas las edades les encanta recibir y abrir regalos.

Pero aun en ese momento de sorpresa y placer puede verse empañado por el miedo y el temor. Es suficiente que aparezcan las siguientes palabras: «Para armar. Se incluyen las instrucciones». ¡Cómo odiamos esas palabras! Se mofan de nosotros, nos fastidian, nos incitan a que intentemos desafiarlas, sabiendo que en todo momento llevan la voz cantante. Si no entendemos las instrucciones, o si las pasamos por alto y tratamos de armar el obsequio por nuestra cuenta, lo más probable es que sólo nos llenemos de frustración y enojo. Lo que comenzamos sintiendo en cuanto a nuestro extraordinario regalo, alegría, expectativa y asombro, se desvanecerá. Nunca recuperaremos esa sensación, al menos no en el estado prístino que tenía antes de que advirtiéramos que *nosotros* teníamos que realizar el montaje de nuestro regalo siguiendo instrucciones que *ningún consumidor* es capaz de entender jamás.

Uno de los regalos más hermosos que Dios nos ha dado es su Palabra, la Biblia. Este es un obsequio sumamente preciado, envuelto en la gloria y el sacrificio de su Hijo, y entregado en nuestras manos por el poder y el ministerio de su Espíritu; la familia de Dios la ha preservado y protegido durante siglos como herencia familiar. Promete ser el don que sigue dándose, porque el Dador que se revela en ella es inagotable en su amor y en su gracia.

Lo trágico es, sin embargo, que cada vez son menos las personas, aun entre aquellos que se cuentan en la familia imperecedera de Dios, que siguen abriendo este obsequio y procurando entender de qué se trata y cómo debe ser usado. A menudo se sienten intimidados por él. Hay que unir las partes, y a veces las instrucciones son difíciles de comprender. Después de todo, ¿cómo se entrelazan las partes de la Biblia? ¿Qué tiene que ver el Génesis con el Apocalipsis? ¿Quiénes son Abraham y Moisés, y qué relación tienen con Jesús y con Pablo? ¿Qué de las obras de la Ley y las obras de la fe? ¿De qué se trata todo esto y, si es que se puede, cómo se ensamblan entre sí?

Además, ¿qué tiene que decirnos este libro de la antigüedad a quienes ya estamos a las puertas del siglo veintiuno? ¿Será de alguna utilidad que usted y yo nos tomemos el tiempo necesario y dediquemos las energías que se requiere para entender las instrucciones y armar el conjunto? ¿Nos ayudará de alguna manera a entender quiénes somos, qué nos depara el futuro, cómo podemos vivir mejor aquí y ahora? ¿Nos ayudará realmente en nuestras relaciones personales, en el matrimonio y la familia, en el trabajo? ¿Acaso podrá ofrecernos algo más que meros consejos acerca de cómo encarar las crisis? ¿Cómo afrontar la muerte de un ser querido, la bancarrota que provoca la pérdida de trabajo? ¿Cómo enfrentar una enfermedad catastrófica, la traición de un amigo, la deshonra de nuestros valores, los abusos que sufre nuestro corazón y nuestra alma? ¿Podrá aquietar nuestros temores, calmar nuestra ansiedad y curar nuestras heridas? ¿Podrá realmente ponernos en contacto con el mismo poder que dio origen al universo, que dividió las aguas del Mar Rojo, que levantó a Jesús de la rigidez de la tumba? ¿Podemos realmente encontrar en sus páginas amor incondicional, perdón total y sanidad genuina?

Por cierto que sí. Sin sombra de duda.

La serie *Guías para explorar la Biblia* está preparada para ayudar al lector a desempacar, armar y disfrutar todo lo que Dios tiene para darle a través de las páginas de las Escrituras. Le hará centrar su tiempo y energía en los libros de la Biblia, en las personas y los lugares que describen, y en los temas y las aplicaciones a la vida que fluyen a raudales de sus páginas, como la miel que mana del panal.

Para que usted pueda aprovechar al máximo la Palabra de Dios, esta serie incluye un conjunto de útiles características. Cada guía de estudio consta de no más de catorce lecciones, cada una de ellas desarrollada de manera que usted pueda sumergirse en las profundidades o echarles una mirada superficial, según sus necesidades e intereses.

Las guías de estudio contienen también seis pasos principales en cada lección, cada uno de ellos señalado con un símbolo y un encabezamiento para facilitar su identificación.

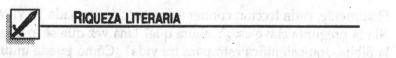

RIQUEZA LITERARIA

La sección RIQUEZA LITERARIA contiene importantes definiciones de palabras clave.

ENTRE BASTIDORES

ENTRE BASTIDORES provee información acerca de las creencias y prácticas culturales, las disputas doctrinales, las actividades comerciales y otros aspectos semejantes, que arrojan luz sobre los pasajes bíblicos y sus enseñanzas.

DE UN VISTAZO

En la sección DE UN VISTAZO se incluyen mapas y gráficos para identificar lugares, y simplificar temas o posturas.

INFORMACIÓN ADICIONAL

Como esta serie enfoca un libro de la Biblia en particular, el lector encontrará una sección de INFORMACIÓN ADICIONAL que lo orientará hacia la consulta de enciclopedias y diccionarios bíblicos, y otros recursos que le permitirán obtener más provecho de la riqueza que ofrece la Biblia, si así lo desea.

SONDEO A PROFUNDIDAD

Otra sección, SONDEO A PROFUNDIDAD, explicará asuntos controvertidos que plantean determinadas lecciones y se citarán pasajes bíblicos y otras fuentes que le ayudarán a arribar a sus propias conclusiones.

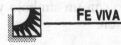 **FE VIVA**

Finalmente, cada lección contiene una sección llamada FE VIVA. En ella la pregunta clave es: ¿Y ahora qué? Una vez que sé lo que dice la Biblia, ¿qué significa esto para mi vida? ¿Cómo puede influir en mis necesidades cotidianas, problemas, relaciones personales, preocupaciones y todo lo que es importante para mí? FE VIVA lo ayudará a percibir y aplicar las derivaciones prácticas de este regalo literario que Dios nos ha dado.

Como podrá observar, estas guías incluyen espacio para que usted conteste las preguntas, haga los ejercicios correspondientes al estudio y encare la aplicación de lo aprendido a la vida cristiana. Quizás desee anotar todas sus respuestas, o sólo el resultado de lo que ha recibido en forma personal mediante el estudio y su aplicación, en una libreta de notas aparte o en un diario personal. Esto será particularmente adecuado si piensa aprovechar a fondo la sección INFORMACIÓN ADICIONAL. Como los ejercicios de esta sección son opcionales y su extensión puede ser ilimitada, no hemos incluido espacio para ellos en esta guía de estudio. De manera que quizás quiera tener una libreta de notas o un diario a mano para registrar los descubrimientos que realice al abordar las riquezas de esa sección.

El método de estudio bíblico que se utiliza en esta serie gira en torno a cuatro pasos básicos: observación, interpretación, correlación y aplicación. La observación responde a la pregunta: ¿Qué dice el texto? La interpretación se ocupa de: ¿Qué significa el texto?, no lo que significa para usted o para mí, sino su significado para los lectores originales. La correlación pregunta: ¿Qué luz arrojan otros pasajes de la Biblia sobre este? Y la aplicación, la meta del estudio bíblico, se plantea lo siguiente: ¿En qué aspectos debiera cambiar mi vida, como respuesta a lo que el Espíritu Santo me enseña a través de este pasaje?

Si está familiarizado con la lectura de la Biblia, sabe que puede disponer de ella en una variedad de traducciones y paráfrasis. Aunque puede usar cualquiera de ellas con provecho para trabajar con las guías de estudio de la serie *Guías para explorar la Biblia*, los versículos y palabras que se citan en las lecciones han sido tomados de la versión Reina Valera, revisión de 1960. El uso de dicha versión con esta serie hará más fácil su estudio, pero por cierto que no es indispensable.

Los únicos recursos que necesita para completar y aplicar estas guías de estudio son una mente y un corazón abiertos al Espíritu Santo, y una actitud de oración, además de una Biblia y un lápiz. Por supuesto, puede recurrir a otras fuentes tales como comentarios, diccionarios, enciclopedias, atlas y concordancias, incluso encontrará en la guía ejercicios opcionales para orientarlo en el uso de dichos recursos. Pero esos son adicionales, no indispensables. Estas guías abarcan lo suficiente como para brindarle todo lo que necesita a fin de obtener una buena comprensión básica del libro de la Biblia de que se trata, como también la orientación necesaria para aplicar los temas y consejos a su propia vida.

Cabe, sin embargo, una palabra de advertencia. El estudio de la Biblia por sí mismo no transformará su vida. No le dará poder, paz, gozo, consuelo, esperanza y toda la variedad de regalos que Dios desea que descubra y disfrute. A través del estudio de la Biblia adquirirá mayor conocimiento y comprensión del Señor, de su Reino y de su propio lugar en ese Reino, y todo esto es esencial. Pero usted necesita algo más. Necesita depender del Espíritu Santo para que oriente su estudio y aplique las verdades bíblicas a su vida. Jesús prometió que el Espíritu Santo nos enseñaría «todas las cosas» (Jn 14.26; cf. 1 Co 2.13). De modo que mientras use esta serie para guiarlo a través de las Escrituras, bañe sus momentos de estudio con oración, pidiendo al Espíritu de Dios que ilumine el texto, que aclare su mente, que someta su voluntad, que consuele su corazón. El Señor nunca le va a fallar.

Mi oración y mi meta es que a medida que abra este regalo de Dios a fin de explorar su Palabra para vivir como Él lo desea, el Espíritu Santo llene cada fibra de su ser con el gozo y el poder que Dios anhela dar a todos sus hijos. Así que siga leyendo. Sea diligente. Manténgase abierto y sumiso a Dios. No saldrá defraudado. ¡Él se lo promete!

Lección 1 / Cómo abordar la profecía

Uno no puede comprar víveres en la mayoría de los supermercados sin enfrentarse con profecía popular: las predicciones en los tabloides acerca de lo fantástico, estrafalario y ridículo.

¿Por qué tanta gente compra semejantes tonterías?

Porque la humanidad parece tener un insaciable interés en el futuro y los acontecimientos poco comunes. Por consiguiente, muchos caen como víctimas incautas de charlatanes que difunden verdad y error en proporciones digeribles, atrapando almas crédulas. Es más, engañan a algunas personas deliberada o diabólicamente.

La profecía bíblica no es así. Sus predicciones no son sólo confiables, sino inspiradas divinamente: «Entendiendo primero esto, que ninguna profecía de la Escritura es de interpretación privada, porque nunca la profecía fue traída por voluntad humana, sino que los santos hombres de Dios hablaron siendo inspirados por el Espíritu Santo» (2 P 1.20-21); «Toda la Escritura es inspirada por Dios, y útil para enseñar, para redargüir, para corregir, para instruir en justicia, a fin de que el hombre de Dios sea perfecto, enteramente preparado para toda buena obra» (2 Ti 3.16-17).

En contraste a las adivinanzas de las predicciones humanas, hay por lo menos cuatro pruebas de buena fe para la profecía bíblica:

1. debe pronunciarse antes de que el suceso ocurra;
2. debe contener cierto número de detalles que excluyan la adivinanza;
3. debe haber suficiente tiempo entre la predicción y el cumplimiento que afirme los hechos; y
4. debe haber un develamiento del futuro que excluya de antemano la simple percepción humana.

Al abordar el «tiempo del fin» y el cumplimiento de las profecías de los «postreros días» en Daniel y Apocalipsis, vemos importantes similitudes, simetría y secuencia. Mirando a través de sus ojos podemos ver la historia de antemano. Aprendemos de imperios mundiales en ascenso y caída y el Reino venidero de Dios. Vislumbramos la política mundial y las intrigas entre la iglesia y el estado. Nos asombramos ante los esfuerzos del mal obrando en la tierra, pero nos regocijamos al ver las fuerzas espirituales de Dios anulando con su justicia los acontecimientos mundiales.

 FE VIVA

¿Cómo se distingue la verdadera profecía bíblica de las predicciones de la prensa sensacionalista que puede leer en las cajas registradoras de los supermercados?

Alguien ha descrito la insaciable curiosidad por saber y hablar de «algo nuevo» como «atenianismo». (Véase Hch 17.16-21.) ¿Cuál fue la experiencia de Pablo con esta práctica?

¿Qué opina respecto a los predicadores que tal vez usan el estudio de la profecía bíblica como una «estratagema» para lograr que la gente asista a su iglesia o reuniones especiales? ¿Por qué?

¿Cómo usó Pedro la profecía para atraer a los incrédulos en Hechos 3.12-26? ¿Cuál fue el resultado? (Véase Hch 4.4.)

¿Qué opina respecto a las personas e iglesias que hacen de la profecía, o de un sistema común de interpretación de la profecía, la base para la comunión cristiana?

Algunas personas hacen objeciones al estudio de la profecía. Dicen que es inútil, que sólo conduce a convertirse en soñadores. Dicen que concentrarse en la profecía distorsiona la realidad y aleja a los creyentes sinceros del servicio y actividad en la obra de la iglesia de hoy.

¿Y quién puede negar que han habido estudiosos de las Escrituras que han llegado a estar tan obsesionados con las profecías del futuro que han descuidado los propósitos actuales de Dios? Su búsqueda deseable de madurez espiritual se va por la tangente en la búsqueda menos deseable de saber más emocionantes conjeturas respecto a los acontecimientos futuros. El equilibrio y el discernimiento siempre son necesarios al abordar cualquier verdad de las Escrituras.

Otros incluso se mofan de la profecía. La ven como simples escritos del hombre; difíciles de comprender con certeza. Sin embargo, Dios parece considerar importante la profecía: cuando se escribió el canon de las Escrituras, más de una cuarta parte fue predicción profética.

RIQUEZA LITERARIA

«La palabra *canon* significa caña", específicamente una caña con marcas graduadas que se usaba para medir longitud. La palabra se refiere a la lista de libros individuales que a la larga se juzgaron como autoritativos e incluidos como parte del Antiguo y Nuevo Testamentos».[1]

En el Antiguo y el Nuevo Testamentos hay libros completos que son, en esencia, profecías (cf. Zac, 1 Ts, Ap). ¡Algunos han calculado que casi el noventa por ciento de los acontecimientos profetizados en la Biblia aún no han ocurrido!

ENTRE BASTIDORES

El Dr. Wilbur M. Smith, en su libro *You Can Know the Future* [Usted puede conocer el futuro], ha calculado que hay alrededor de 165,000 «palabras de profecía de predicción en la Biblia. Esto equivale aproximadamente a dos tercios de todo el texto del Nuevo Testamento. Y, lo que estoy seguro será sorpresa para muchos, es que hay más material profético en Mateo, Marcos y Lucas que el que hay en todo el libro de Apocalipsis».[2]

LOS VALORES ESPIRITUALES DE LA PROFECÍA

¿A qué Pedro compara y contrasta la profecía en 2 Pedro 1.16-19? ¿Cómo explica su valor?

¿Cómo aumenta la profecía nuestra confianza en la Biblia y la seguridad en nuestra vida personal?

2 Timoteo 3.1-5

2 Tesalonicenses 2.1-5,15-17

¿Cómo fomenta y estimula la vida santa el estudio de la profecía?

Colosenses 3.4-5

2 Pedro 3.1-13

¿Cómo ayuda el estudio de la profecía a que lo invisible sea más real para nosotros?

¿Cómo ayuda el estudio de la profecía en tiempos de depresión o circunstancias difíciles?

Romanos 5.2-3

Romanos 8.18

2 Tesalonicenses 2.1-5

¿Cómo influye la fe en la venida del Señor en nuestras ambiciones y servicio?

Jeremías 45.5

Juan 5.44

¿Cómo influye la «esperanza bienaventurada» del regreso de Cristo en nuestras actitudes hacia las divisiones dentro de la iglesia?

Efesios 4.1-3

Tito 2.11-13

2 Pedro 3.13-18

¿Cómo consuela la profecía al enfrentar aflicción y tristeza?

Juan 14.1-3

1 Tesalonicenses 4.13-18

PAUTAS PARA INTERPRETAR LA PROFECÍA

Aun cuando la profecía bíblica ha sido sobrenaturalmente revelada, inspirada e iluminada en nuestros corazones por la Luz del Mundo y por su Espíritu de Verdad, admitimos que algunos pasajes son difíciles de comprender. Necesitamos algunas pautas para interpretar la profecía.

Por ejemplo, Daniel interpretó sueños y Juan tuvo visiones de Apocalipsis. Cada una de estas experiencias se comunica con símbolos extraños y figuras del lenguaje. ¿Cómo debemos comprenderlas? ¿Qué hechos del futuro quiere Dios que comprendamos? ¿Qué quiere Dios que hagamos como resultado?

INFORMACIÓN ADICIONAL

Es natural estudiar Daniel y Apocalipsis juntos puesto que algo de cada capítulo de Daniel se cita en Apocalipsis o tiene asombrosas similitudes. Por ejemplo, compare los siguientes pasajes paralelos de profecía:

DANIEL	APOCALIPSIS
7.7	12.1-6
7.13	1.7
7.19	1.14
7.7,20	5.5-7
7.9,22	20.4
8.10	12.4
12.4,10	22.10-15

La **primera** y más importante pauta para estudiar la profecía es **buscar el significado evidente y normal de las palabras y situaciones descritas dentro de su contexto histórico.** No acuda a un pasaje profético con una conclusión preconcebida ni con un sistema de interpretación dentro del cual encajarlo a la fuerza. Deje que el contexto gramatical e histórico comuniquen el significado claro y sencillo, y luego incorpore ese significado a lo que ya conoce.

Una segunda pauta para interpretar la profecía es: compare una profecía con otra, especialmente profecías similares. Cada profecía revela un poco más del plan total de Dios para las edades. A menudo hay referencias que se superponen y tienen correspondencia en unas pocas o varias profecías, aun cuando quizás se separan en cientos de años la una de la otra. (Compare la descripción del «Anciano de días» en Daniel 7.9-14 con «uno semejante al Hijo del Hombre» en Apocalipsis 1.13-16 y el Cordero en el capítulo 5.8-14.)

Una tercera pauta para interpretar la profecía es **recordar que el tiempo del cumplimiento puede ser incierto.** Desde el lado de Dios en cuanto a la eternidad los elementos están completos y la profecía es ya un hecho. Desde el punto de vista del hombre, los sucesos futuros aislados parecen confundirse en uno, como una persona que mira una cordillera puede ver dos picos como si fueran uno solo, sin percibir el valle que los separa o el tamaño o sus características únicas.

Este principio sugiere que las profecías bíblicas pueden tener varias capas de cumplimiento. Como ejemplo, explique el lapso en el cumplimiento de la profecía de Isaías respecto a la venida del Mesías en los siguientes pasajes:

Isaías 9.6-9

Isaías 11.1-5

Isaías 61.1-3/Lucas 4.16-21

Algunos de los sucesos profetizados en el libro de Daniel empiezan a suceder en los días de Babilonia, Persia y Grecia, ¿durante el reinado de qué reyes? (Véanse Dn 2.11—4.37; 5.1-31; 6.1-28; y 10.1—11.1.)

Pero esas profecías se cumplieron sólo parcialmente en ese tiempo. Los estudiosos clásicos verían la invasión de Jerusalén, en el segundo siglo antes de Cristo por parte de Antíoco Epífanes (en 167-164 a. C.), como un tipo o cumplimiento parcial de otros acontecimientos todavía futuros que ocurrirán al final de esta edad (Dn 9.26-27; 11.21-35).

La cuarta pauta para interpretar la profecía algunas veces se le llama **la ley de la referencia doble**. Una profecía puede tener un cumplimiento **tanto** en el tiempo del profeta **como** otra en el futuro quizás distante. Por ejemplo, la señal profética dada a Acaz en Isaías 7.14 también se refiere *tanto* al nacimiento del hijo de la mujer de Isaías (Is 8.3) *como* al nacimiento del Mesías mediante la virgen María (Mt 1.22; Lc 1.27).

¿Cómo ilustran las siguientes porciones bíblicas esta «ley de la referencia doble»?[3]

Deuteronomio 28.58,64-66

1 Juan 2.18

🤔 SONDEO A PROFUNDIDAD

Aun usando las cuatro pautas para interpretar la profecía, los cristianos difieren en su método general de abordar la profecía del tiempo del fin. Los siguientes fragmentos de la *Biblia Plenitud* presentan los cinco métodos más comunes. Aun cuando esta consideración se aplica más directamente a cómo las personas interpretan el libro de Apocalipsis, se la indica aquí debido a que esta guía considera a Daniel y a Apocalipsis a la luz del uno con el otro.

● ● ● ● ● ● ● ● ● ● ●

A través de la historia de la Iglesia, las teorías interpretativas han sido numerosas y ampliamente divergentes. Estas han sido clasificadas de «preterista», «historicista», «futurista», «dispensacionalista» y «espiritual». Sin embargo, a menudo se combinan o mezclan, haciendo imprecisa la clasificación anterior.

a. La interpretación «preterista» o «histórico-contemporánea» considera que las visiones de Apocalipsis se refieren en lo fundamental, si no exclusivamente, a hechos ocurridos en las décadas finales del primer siglo d.C., durante la época del profeta Juan. La profecía aludiría a la persecución que contra los cristianos desató la «bestia», usualmente identificada con Nerón o Domiciano, y proseguida después por el gobierno romano, llamado «Babilonia». El libro de Apocalipsis fue escrito para alentar a los creyentes con la esperanza de que Dios intervendría, destruiría a la «bestia», liberaría a su pueblo y establecería su Reino eterno. Algunos preteristas defienden la tesis de que Apocalipsis sólo se ocupa de la destrucción, en el año 70 d.C., de Jerusalén, el templo y la vieja era del judaísmo apóstata.

b. De acuerdo con la interpretación «historicista», Apocalipsis contiene visiones que predicen importantes momentos y acontecimientos de la historia humana, desde los días de Roma hasta el fin de esta era, en la que impera el mal. En el libro se descubren veladas referencias a varias olas de invasiones bárbaras, el surgimiento del Islam, la Reforma Protestante, la Contrarreforma, la Revolución Francesa, la Primera Guerra Mundial, y así por el estilo. La «bestia» ha sido identificada en ocasiones con Mahoma, el Papa, Napoleón o algún dictador posterior. Quienes defienden esta teoría se las arreglan ingeniosamente para encontrar en la historia política europea el cumplimiento de algunas de las visiones apocalípticas, las cuales responderían a un orden cronológico.

Aunque no se puede asegurar de qué acontecimientos históricos *específicos*, del segundo siglo al presente, se habla en la profecía, los sucesos históricos y movimientos mundiales *ilustran* una y otra vez los principios que allí se invocan.

c. La interpretación «futurista» considera Apocalipsis, en lo fundamental, como una profecía que se refiere a la Iglesia en el mundo. Las siete cartas están dirigidas a siete iglesias históricas; y los sellos representan las fuerzas de la historia —no importa lo que esta se prolongue— a través de la misma Dios lleva a cabo su propósito redentor y de juicio, hasta que sobrevenga el fin. Sin embargo, comenzando con el capítulo

8 ó 16, los acontecimientos descritos se refieren completamente al futuro y contendrían las disposiciones finales de Dios sobre la historia humana. Apocalipsis concluye describiendo una sociedad redimida que habita una tierra nueva que ha sido purgada de todo mal, y con Dios morando en medio de su pueblo; lo cual es la meta de la larga historia de la redención. La interpretación «futurista» es premilenial, pero no dispensacionalista. Enseña que Cristo retornará para establecer un reino milenial sobre la tierra, pero no será un estado nacional judío.

d. La interpretación «dispensacionalista» es la de más reciente aparición en la historia de la Iglesia. El esquema «dispensacionalista» de la redención presupone dos diferentes pueblos de Dios a lo largo de la historia —Israel y la Iglesia— y, por lo tanto, dos planes proféticos. Las siete cartas a las siete iglesias se interpretan «proféticamente» como siete etapas en la era de la Iglesia. Apocalipsis 4.1 es interpretada como el Rapto de la Iglesia, que se concibe como el arrebatamiento secreto de todos los creyentes llevados al cielo antes de la «Gran Tribulación». El resto del libro trataría exclusivamente sobre la «Gran Tribulación» y la suerte que correría Israel a manos del anticristo. De acuerdo con este punto de vista, Cristo regresa para destruir a la bestia, atar a Satanás e inaugurar su reinado de mil años sobre la tierra. Los dispensacionalistas identifican este Milenio con el período cuando la aristocracia judía, junto al templo, el sistema de sacrificios y la Ley de Moisés, sean restaurados, y se cumplan literalmente las profecías del Antiguo Testamento sobre el futuro triunfo político de Israel sobre los gentiles.

(Algo interesante es que muchos pentecostales/carismáticos interpretan Apocalipsis y Daniel desde este punto de vista dispensacionalista, aunque tal interpretación supondría una negación, en todas partes salvo en la literatura profética, de los actuales dones del Espíritu.)

e. La interpretación «espiritual» o «simbólica» encuentra en Apocalipsis relativamente pocas referencias a hechos *específicos* o personalidades del pasado, el presente o el futuro; constituye, por el contrario, una presentación de los grandes «principios espirituales» dirigidos a alentar y guiar a los cristianos de todas las latitudes y períodos de la historia. Las visiones simbólicas sucesivas ponen de manifiesto estos principios. El Señor Jesucristo viviente aparece victorioso sobre el enemigo y sus aliados. Aquellos que están junto a Él (los «llamados y elegidos y fieles», 17.14), tendrán plenamente su triunfo. Esto revela a Dios como Juez y Rey soberano de todo el universo creado. De este modo el bien es reivindicado sobre el mal, la justicia sobre la injusticia. La historia mundial se mueve, en medio de tragedias y desastres, hacia «un nuevo cielo y una nueva tierra».[4]

LOS TIEMPOS DE LOS GENTILES

«Los tiempos de los gentiles» es la designación bíblica de un período entre la destrucción de Jerusalén en el año 70 d.C. (algunos lo identifican con el principio del cautiverio babilónico en el 606 a.C.) y la Segunda Venida de Cristo. El Señor Jesucristo define este intervalo como el tiempo cuando Jerusalén (la ciudad de la paz) estará controlada por los poderes mundiales gentiles (Lc 21.24). Muchos ven el regreso del control judío sobre la antigua ciudad de Jerusalén en junio de 1967 como el fin de los «tiempos de los gentiles» y esperan la inminente venida de Cristo.

Bajo la inspiración divina, Daniel nos da todo el panorama de la historia gentil (no judía). Cuatro imperios mundiales gentiles importantes se revelan gobernando sobre Israel sucesivamente, sólo para sufrir al final condenación y juicio. Más adelante, en estas lecciones, una comparación de Daniel 2 y 7 con Apocalipsis 13.1-4 revelará que el cuarto imperio, Roma, será restaurado. Habrá de nuevo un «emperador» (Ap 13.3-4) y parece que regirá sobre un Imperio Romano renovado y proveerá la estructura para el cumplimiento final de las profecías de Daniel.

Daniel recibe la instrucción de Dios: «Cierra las palabras y sella el libro hasta el tiempo del fin» (Dn 12.4). Muchos piensan que esto significa que gran parte de los detalles en el libro de Daniel serán oscuros e irrelevantes hasta que los acontecimientos de la etapa final del poder gentil mundial desaten el sello y el libro de Daniel llegue a ser completamente inteligible.

LOS HECHOS EMOCIONANTES COMUNES NOS AYUDAN A INTERPRETAR LA PROFECÍA

- La resurrección del estado moderno de Israel en 1948,
- la recuperación de Jerusalén después de la Guerra de los Seis Días en 1967,
- el resurgimiento de Europa Occidental mediante la Comunidad Económica Europea en la década de los noventa, y
- las recientes iniciativas de paz entre Israel y la OLP en 1993

son apenas algunos de los sucesos emocionantes que hacen a los antes oscuros pasajes de la profecía más entendibles para los estudiantes actuales de las Escrituras. También confirman al lector con discernimiento que nuestro Dios sigue en control de los destinos de todas las naciones.

Las lecciones que siguen en esta serie *Guías para explorar la Biblia* estudiarán en más detalle los grandes acontecimientos futuros que les esperan a los judíos, a los gentiles y a la Iglesia, según se revelan en los grandes libros proféticos de Daniel y Apocalipsis, y basados en los emocionantes sucesos de la historia común y corriente. Hallará que estos estudios del futuro de la humanidad son equilibrados y creíbles. Cada uno enfoca una cuidadosa exposición de las Escrituras y no un simple repaso de un sistema humano de interpretación.

Queremos adquirir una apreciación totalmente nueva de la verdad profética, a la vez que permitir que cumpla su suprema misión: cambiar la manera en que vivimos «hasta el tiempo del fin».

Lección 2 / Cuestión de integridad
Daniel 1.1-21

Daniel no es simplemente un libro de visiones y profecías interesantes. Es también un estudio de cómo el carácter piadoso e integridad personal pueden mantenerse en tiempos de tensiones, enfermedad y tentaciones sensuales.

La *integridad*[1] puede definirse como «solidez»; «adherencia a un código de valores»; «la cualidad o estado de ser completo o indiviso». Las cuestiones de integridad se complican por las circunstancias singulares en las cuales nos hallamos de tiempo en tiempo. Sin embargo, todas son similares debido a que son asuntos del corazón. Atañen a nuestras convicciones y carácter moral.

Daniel se halló como un adolescente muy lejos de su hogar y en circunstancias negativas. Lo secuestraron de su país natal y llevaron al país conquistador de Babilonia, donde lo seleccionaron como candidato en una preparación en la corte del rey. Allí su carácter personal y convicciones religiosas fueron inmediatamente sometidas a prueba. Su integridad personal lo sostuvo y le aseguró una posición en el palacio del rey, y un lugar de prominencia a través del paso de dos poderes mundiales y cuatro reyes.

DANIEL 1.1-2

El libro de Daniel empieza con una descripción de una situación de aflicción. Tropas extranjeras sitiaron de nuevo a la santa ciudad de Jerusalén y exigieron la rendición de toda Judá. Sólo que esta vez, en lugar de convertirse en los peones políticos del poderoso ejército de ocupación, el pueblo de Judá enfrentó varias deportaciones a Babilonia.

En el versículo 1 se mencionan dos reyes. ¿Quiénes son y qué países gobernaban?

En 2 Reyes 23.34—24.7 y 2 Crónicas 36.1-8 podemos descubrir el trasfondo del rey Joacim. Lea estas porciones para contestar las siguientes preguntas.

¿Cuál era el nombre original de Joacim?

¿Cómo llegó al reinado y quién lo hizo?

¿A qué edad comenzó Joacim a reinar en Judá y cuánto tiempo reinó?

El profeta Jeremías era contemporáneo de Joacim y Dios lo usó para hablarle a este rey. (Véanse Jer 22.18-19; 36.27-32.) ¿Cómo se describe la ignominiosa muerte del rey?

El «por tanto» de Jeremías 22.18 se refiere al párrafo anterior. ¿Cómo condenó Jeremías la conducta del rey Joacim?

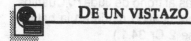

DE UN VISTAZO

En el año tercero del reinado de Joacim (Dn 1.1) como rey vasallo bajo la mano de Faraón Necao de Egipto, Judá se halló en medio de una guerra entre las dos superpotencias de la época: Egipto y Babilonia. En 605 a.C. el ejército de Nabucodonosor II de Babilonia y el ejército de Faraón Necao de Egipto chocaron en Carquemis, la antigua capital hetea en Mesopotamia. El ejército egipcio sufrió una derrota decisiva, permitiendo a los babilonios asumir el control de la región siropalestina, dando por término a casi 300 años de supremacía asiria (885-607 a.C.). Muchos historiadores ven esta derrota de Egipto en Carquemis como una de las batallas más importantes del mundo antiguo.

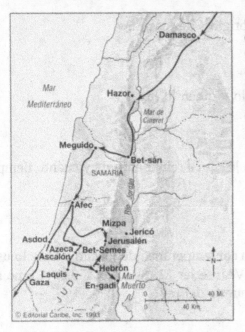

Campañas de Nabucodonosor contra Judá (605-586 a.C.). Del 605 a.C. a 586 a.C. Judá sufrió repetidas invasiones de Babilonia. El ataque final tuvo lugar desde el acceso meridional a Jerusalén.[2]

INFORMACIÓN ADICIONAL

Mientras Faraón Necao marchaba hacia el norte para encontrarse con el ejército de Nabucodonosor, el rey Josías, padre de Joacim, trató de impedir su avance, pero fue mortalmente herido en la batalla. (Léase 2 Cr 35.20-25.)

¿A qué edad ascendió Josías al trono de Judá? ¿Cuántos años reinó? ¿Cuántos años tenía cuando murió en la batalla contra el Faraón Necao? (Véase 2 Cr 34.1.)

Después de la batalla de Carquemis en 605 a.C., Nabucodonosor persiguió a Faraón Necao y a su ejército mientras estos se retiraban hacia Egipto sobre el puente natural de Palestina. Cuando Nabucodonosor vio la hermosa ciudad de Jerusalén ubicada sobre las colinas de Judea, la sitió y exigió su rendición.

Algunos historiadores especulan que Nabucodonosor no sólo quedó impresionado por la bella ciudad y sus fortificaciones, sino que recordaba haber oído historias de sus riquezas.

Mientras estaba en Jerusalén, Nabucodonosor recibió noticias de que su padre, Nabopolasar, había muerto. Por consiguiente, tenía que apresurarse a regresar a Babilonia para prevenir cualquier movimiento en contra de su dinastía neobabilónica/caldea.

Puesto que no había terminado de establecer su administración en Jerusalén, necesitaba un rey títere. Nabucodonosor admiraba a Joacim por su lealtad al faraón de Egipto, de modo que decidió dejarlo como un vasallo voluntario en el trono de Judá. Pero antes de irse, se llevó consigo todos los vasos de valor de «la casa de Dios» en Jerusalén, trasladándolos a la casa de su dios en «la tierra de Sinar», que es otro nombre para Babilonia, la porción sudeste del moderno Irak.

¿Por qué Nabucodonosor robó el templo?

¿Qué implicaciones podría esto tener respecto a los poderes relacionados al Dios de los judíos y al dios de Nabucodonosor?

¿Cuándo ocurrió antes algo parecido a esto en la historia de Israel? (Véase 1 S 5.1-2.)

DANIEL 1.3-16

Nabucodonosor, sin embargo, sabiamente tomó otras medidas para garantizar la lealtad de Joacim y asegurarse de que durante su ausencia los judíos no se revelarían contra su Imperio Caldeo. (Véanse los vv. 3-4.)

¿Quién era Aspenaz? ¿Qué instrucción se le dio?

La historia indica que se tomaron alrededor de cincuenta o setenta jóvenes como rehenes de la familia real y otras familias nobles en Judá en la primera deportación en 605 a.C. Aspenaz era responsable de la selección y preparación de los jóvenes («hijos de Israel»), a fin de que estos aprendieran el lenguaje y la cultura de los caldeos.

¿Por qué supone que los babilonios seleccionaron jóvenes para tal preparación?

¿Qué les asignó el rey a los jóvenes? (v. 5)

¿Cómo responderían algunos adolescentes que usted conoce a este tratamiento real?

¿Cuánto tiempo debía durar este período de preparación?

Una parte de la preparación judía era una exposición completa a la sección dietética de la Ley Mosaica. Daniel no sólo aprendió a repetir estas leyes, sino que sus padres le hicieron practicarlas en casa, igualmente (Lv 10.11; Dt 6.7-9).

FE VIVA

Aun cuando los padres de Daniel, los sacerdotes y los profetas no estaban cerca para dirigirle, él sabía que el alimento y el vino del rey no se preparaban de acuerdo a las leyes dietéticas judías. Pero, quizá más importante, había la posibilidad de que se les sirviera carne y vino ofrecido a los ídolos, como era la costumbre en las culturas paganas (Dt 32.38; 1 Co 10.18-21). Comer de esos alimentos hubiera sido participar en la fiesta pagana.

¿Dónde trazamos la línea respecto a las actividades cuestionables que son culturalmente aceptables? (Véanse 1 Ts 4.1-12; Col 3.1-11.)

En Colosenses 3.12-17, el apóstol Pablo ofrece una estrategia para ayudarnos a vivir para Dios de día en día. Escriba con sus palabras los seis principios presentados por Pablo.

1.

2.

3.

4.

5.

6.

Sea en el área de la música, el vestido o códigos y actividades sociales, pocos adolescentes modernos asumirían una posición santa en contra de lo que está «de moda» socialmente. Sin embargo, la herencia y las raíces espirituales de Daniel le ayudaron a proponerse en su corazón a no comprometerse ni contaminarse siquiera con la «comida» de la realeza.

Hasta donde sepamos, sólo Daniel, Sadrac, Mesac y Abed-nego asumieron una posición de separarse para el Señor y alejarse de las cosas que les contaminarían. El resto de los rehenes se convirtieron en «buenos caldeos» y se perdieron en la oscuridad. ¡Pero la integridad y las cualidades del carácter de estos tres adolescentes se leen y estudian hasta el día de hoy!

Daniel sabía que tenía razón y llevó su petición ante el oficial del palacio que era responsable por sus provisiones diarias.

Propuso una prueba de diez días. ¿Cuál fue? (Véase Dn 1.12-13.)

¿Cuál fue el resultado de esta prueba? (Véase Dn 1.15-16.)

Al final del período de prueba los cuatro jóvenes hebreos parecían más saludables y fuertes que los otros. Al resistir las presiones de la cultura e ir en pos de un compromiso piadoso, no sólo agradaban a Dios, sino que comían alimentos saludables y esto incluso se veía en su semblante.

DANIEL 1.17-20

¿Cómo aprendieron los cuatro hebreos la literatura y sabiduría de la época?

¿Cuándo la educación es un enemigo de Dios?

¿Necesita Dios líderes sabios y competentes en nuestra cultura?

De acuerdo a Daniel 1.17-20, ¿qué tenía Daniel que los otros no tenían?

¿En qué se parecían y diferían los cuatro hebreos de los «magos y astrólogos» de lo oculto que aconsejaban a Nabucodonosor?

DANIEL 1.21

La vida y ministerio de Daniel abarca todo el período babilónico y llega hasta la fase persa de la historia mundial. Llegó a Babilonia en la primera deportación de Jerusalén, en 605 a.C., y vivió para ver a los primeros exiliados regresar a Jerusalén para la restauración del templo, en 538 a.C.

No se nos dice qué influencia tuvo quizás Daniel en este importante cumplimiento de las Escrituras a mano de Ciro el Grande, pero a través del libro de Daniel aparecen las lecciones de la soberanía de Dios con el fin de aprenderse. Dios a la larga juzgará a las naciones gentiles. Y al final rescatará, resucitará y recompensará a Israel, la nación escogida de Dios.

Lección 3/Los sueños perturbadores y sus detalles
Daniel 2.1—6.28

Los sueños siempre tuvieron un lugar prominente en la vida de los pueblos antiguos. Se consideraba que traían mensajes de Dios y con frecuencia se pensaba que eran predicciones en su naturaleza. Debido a eso, las imágenes, pensamientos e impresiones que brotaban durante los sueños siempre se interpretaban y ponderaban, especialmente cuando los experimentaban líderes religiosos y políticos.

Entre los babilonios de la antigüedad, Daniel llegó a ser conocido como intérprete de sueños. A él y otros muchachos hebreos se les conoció entre los más sabios de los consejeros del rey, pero el don de Daniel de «entendimiento en toda visión y sueños» (Dn 1.17,20) le hizo ser especialmente importante durante los reinados de Nabucodonosor, Belsasar y Darío (Dn 2—6). Sus visiones apocalípticas (Dn 3—8) vislumbran el futuro de la humanidad, incluso hasta el tiempo del fin.

 ENTRE BASTIDORES

El libro de Daniel está escrito en dos lenguajes: del 2.4 hasta el final del capítulo 7 es arameo; el resto está en hebreo. Algunos han sugerido que el arameo era el lenguaje gentil del comercio y la diplomacia en todo el mundo conocido. Por tanto, la sección que da el bosquejo general de todo el curso del «tiempo de los gentiles» estaría en arameo y las visiones posteriores que se relacionan especialmente al pueblo del pacto estarían en hebreo.

EL SUEÑO OLVIDADO
DANIEL 2.1-16

En el segundo año de su reinado, Nabucodonosor tuvo un sueño perturbador que no pudo recordar a la mañana siguiente. Al parecer, había estado en su cama, reflexionando sobre los cambios catastróficos ocurridos en el mundo para que el equilibrio de poderío militar pasara de asirios y egipcios a su propio reino de Babilonia. Nabucodonosor se preguntaba: «¿Qué va a suceder después de esto», o «¿Qué ocurrirá en la historia de la humanidad después que mi reino llegue a su fin?» Al irse a dormir, Dios le reveló la respuesta en un sueño simbólico que fue tan sorprendente que ya no pudo seguir durmiendo (v. 1), ¡pero que tampoco pudo recordar los detalles!

Fue este sueño olvidado lo que le hizo exigir a lo mejor de la inteligencia de Babilonia: «magos, astrólogos, encantadores y caldeos», que le dijeran el sueño e interpretaran su significado.

¿Qué amenazó hacerles a ellos y a sus casas?

¿Cómo fue esto similar a lo ocurrido en 2 Reyes 10.27?

¿Cuál fue la respuesta al rey? (Dn 2.7,10)

¿Cómo reaccionó este?

¿Quién dijeron era la única fuente donde podían obtener tal información?

Lleno de ira, el rey dictó una orden precipitada y radical. ¿Cuál era y cómo afectaría a Daniel y a sus tres amigos?

¿Cuál fue la respuesta de Daniel?

ENTRE BASTIDORES

Nabucodonosor convocó a un selecto grupo que servía en la corte como consejeros. Los primeros tres grupos mencionados son el típico trío de los tabloides:

- Los **magos** eran adivinadores ocultistas.
- Los **astrólogos** trazaban la posición de las estrellas y decían determinar destinos sobre la base de acuerdo a la disposición de estas, muy similar a los autores del horóscopo actual.
- Los **encantadores** eran médiums que intentaban hablar con los muertos mediante los demonios.

Los **caldeos** se mencionan al final, pero quizás pertenecían al grupo líder en el «gabinete del rey», porque al parecer son los portavoces en el pasaje. Algunos autores antiguos usan este término para denotar a los sacerdotes y otras personas educadas en las artes y ciencias clásicas de Caldea (Babilonia), especialmente en las tradiciones de astronomía y astrología.

«Algunos eruditos creen que los "sabios [magos] del Oriente" (Mt 2.1) que vinieron a Jerusalén cuando Jesús nació, se trataban quizás de astrólogos caldeos».[1]

EL SUEÑO DEL DESTINO
DANIEL 2.17-45

Lo siguiente es la más completa revelación de la historia gentil mundial que se encuentra en toda la Biblia. Es un panorama profético que abarca desde más de 600 años antes de la primera venida de Cristo, hasta su reino milenial después de su Segunda Venida. Este «sueño del destino» afirma que Dios está en control de los asuntos mundiales y que la historia humana es realmente «su historia».

¿Cómo reveló Dios a Daniel el sueño de Nabucodonosor? (Dn 2.19)

¿Cuál fue la respuesta de Daniel a Dios? (vv. 20-23)

Mostrando cortesía y atrayente humildad ante el rey, Daniel descartó toda capacidad personal para tener éxito donde fracasaron los sabios de Babilonia. Sin embargo, Daniel exaltó a su Dios, Jehová, diciendo: «Pero hay un Dios en los cielos, el cual revela los misterios, y Él ha hecho saber al rey Nabucodonosor lo que ha de acontecer en los postreros días» (v. 28). La frase «en los postreros días» se refiere al futuro, desde aquel tiempo y a través de toda la historia humana.

La estatua gigante en el sueño de Nabucodonosor representaba los cuatro reinos que dominarían como potencias mundiales. Lea cuidadosamente el sueño (2.24-45) e identifique el material que se relaciona a las diferentes partes de la estatua:

Parte	Material
Cabeza	_____
Pecho y brazos	_____
Abdomen y muslos	_____
Piernas y pies	_____

ENTRE BASTIDORES

La interpretación de Daniel de la imagen (Dn 2.36-43), necesita estudiarse junto a su visión de las cuatro bestias en Daniel 7 (vv. 1-7,17) y los hechos de la historia. De acuerdo a esto, muchos eruditos dispensacionalistas son raudos en reconocer los imperios implicados, como el babilónico (605-539 a.C.), el medo-persa (539-331 a.C.), el griego (331-168 a.C.) y el romano (168 a.C. hasta aproximadamente 476 d.C.), simbolizado, después de su división, por las dos piernas de hierro. Estos cuatro reinos sucesivos se desarrollaron cada uno en la historia, prosperaron y desaparecieron en el orden que Daniel predijo. (Véanse Dn 2.38; 5.28,31; 8.20,21.)

Fue bajo un decreto del cuarto poder gentil, Roma, que ocurrió el nacimiento de Jesús en Belén (Lc 2.1). Pablo explicó que este tiempo designado para la venida de Cristo fue «el cumplimiento del tiempo» (Gl 4.4-5), cuando las condiciones mundiales favorecían su aparición y la propagación de su evangelio.

Roma, antes que sucumbir a otro imperio, se dividió en varios reinos pequeños en los siglos cuarto y quinto d.C. Más tarde, estos llegaron a ser las naciones de Europa.

¿Qué simboliza la «piedra»? (Véanse Gn 49.24; Is 28.16; Mt 21.42-44; Hch 4.10-12; 1 P 2.4-8.)

Compare Daniel 2.44 con 7.27, 1 Corintios 15.24 y Apocalipsis 11.15. ¿Qué indican estos versículos acerca de lo que Dios quiere que comprendamos más en cuanto a su reino?

DANIEL ES EXALTADO Y PROMOVIDO
DANIEL 2.46-49

¿Qué hace Nabucodonosor en la emoción del momento? (v. 46)

¿Por qué el rey reconoce al verdadero Dios viviente? (v. 47)

¿Qué hizo el rey para promover a Daniel?

¿Cómo usó Daniel su nueva posición para ayudar a sus tres amigos hebreos?

LA PROVIDENCIA DE DIOS Y LOS POSTREROS DÍAS
DANIEL 2—6

La providencia de Dios durante el exilio judío se ve en los detalles de varios sucesos ocurridos durante los reinados sucesivos de tres reyes: Nabucodonosor, Belsasar y Darío. Se muestra:

- en el ascenso prominente de Daniel en la corte de Nabucodonosor (cap. 2);
- en la intervención dramática de uno «semejante a hijo de los dioses» en el horno de fuego (cap. 3);
- en la locura temporal de Nabucodonosor (cap. 4);
- en la escritura divina en la pared prediciendo la caída de Babilonia durante el banquete de Belsasar (cap. 5); y
- en la liberación milagrosa de Daniel de los hambrientos leones durante el reinado de Darío el medo (cap. 6).

LA IMAGEN DE ORO
DANIEL 3.1-7

El poder y posición de Nabucodonosor le llevaron a llenarse de orgullo. Obsesionado consigo mismo y sus aparentes logros, decidió exaltarse a ojos del pueblo construyendo una estatua de sí mismo, del tamaño de un rascacielos: símbolo de su poder y perpetuidad de su reino.

Un codo es aproximadamente cuarenta y cinco centímetros. Convierta a metros las dimensiones de la imagen. (Véase Dn 3.1.)

¿De qué material estaba hecha la imagen? ¿Piensa que era sólida o sólo cubierta de este material?

¿Piensa que hay alguna relación entre el material seleccionado y la interpretación de Daniel del sueño de Nabucodonosor? (Dn 2.37-38)

¿Qué debían hacer «los pueblos, naciones y lenguas» cuando la banda real tocara en las elaboradas ceremonias de dedicación para la estatua del rey? (Dn 3.4-6)

Algunos creen que el rey Nabucodonosor trataba de unir a todas las religiones del mundo en su imperio mundial al construir la enorme estatua y exigir que todo mundo se inclinara ante ella. ¿Cuál era el castigo por no acatar el decreto? (Dn 3.6)

LA ACUSACIÓN DE TRAICIÓN
DANIEL 3.8-18

¿Quiénes fueron los «inconformes» en el reino de Nabucodonosor y cuáles eran sus posiciones oficiales? (Dn 3.12)

LA PRUEBA DE FUEGO
DANIEL 3.19-30

¿Cómo respondió el rey ante los comentarios de consagración a Dios de los jóvenes hebreos? (vv. 19-23)

Debido a que Nabucodonosor observaba la ejecución de sus órdenes, quedó estupefacto por la protección de estos hebreos. ¿Qué vio él y los otros oficiales? ¿Qué señalaron al respecto? (vv. 24-27)

 FE VIVA

La posición valiente y sin componendas de Sadrac, Mesac y Abed-nego ha sido y continúa siendo una inspiración para el pueblo de Dios al ser tentados a titubear en nuestro andar por fe.

¿Qué podemos aprender de este horno de fuego acerca de la persecución futura y protección del pueblo de Dios?

¿De qué promesa podemos apropiarnos en pasajes como 1 Corintios 10.13 e Isaías 43.1-3?

SEGUNDO SUEÑO DE NABUCODONOSOR
DANIEL 4.1-27

Este capítulo es singular porque parece ser un documento estatal en el cual el rey Nabucodonosor da su testimonio personal de «las señales y milagros que el Dios Altísimo ha hecho conmigo» (Dn 4.2). El preámbulo a la proclamación (Dn 4.1-3) continúa magnificando a Dios, cuyo «reino [es] reino sempiterno, y su señorío [es] de generación en generación».

La narración de Nabucodonosor continúa con un recuento de su locura temporal y pérdida de control de su reino durante siete años. Pero su tiempo «floreciente en [su] palacio» (Dn 4.4) se perturba de nuevo con un sueño. Otra vez llaman a Daniel para interpretar el sueño, puesto que los consejeros de la corte no pueden.

¿Por qué supone que Dios habló tanto a Nabucodonosor en sueños y en visiones? (Véase Job 33.14-17.)

¿En qué se diferenció este sueño-visión perturbador con el primero? (Compare Dn 2.3-11 con 4.4-18.)

En Daniel 4.19, Daniel a duras penas empieza a relatar la interpretación del sueño. ¿A quién dice que desearía que fuera aplicado?

¿Qué consejo le dio Daniel al rey al concluir la interpretación del sueño? (v. 27)

LA HUMILLACIÓN DE NABUCODONOSOR
DANIEL 4.28-33

Un año más tarde el juicio expresado en el sueño cayó sobre Nabucodonosor. Enloqueció como bestia, arrojado de entre los hombres y perdió su reino. ¡Una terrible humillación para el orgulloso y jactancioso rey de un imperio mundial (Dn 4.1)!

INFORMACIÓN ADICIONAL

«El árbol que el rey vio en el sueño lo representaba a él mismo. La orden de derribar el gran árbol fue una profética forma temporal de locura como la licantropía, en la cual el hombre se imagina que adopta alguna forma de animal. La palabra se deriva del griego *lukos*, o "lobo", y *antropos*, que significa "hombre".

»Durante este período de locura, a Nabucodonosor le sería imposible seguir atendiendo los asuntos del gobierno (Dn 4.25). Sin embargo, el control no sería irreversible, puesto que se dejarían el tronco con sus raíces (Dn 4.26).

»El propósito de la licantropía era recordarle al rey la soberanía trascendente del Señor (Dn 4.25). La misma declaración se hizo un año más tarde cuando se ejecutó la sentencia (Dn 4.32).

»La licantropía de Nabucodonosor no fue un caso ligero. El rey quedó tan completamente perdido en sus alucinaciones de su nuevo papel como bestia que fue expulsado del palacio y de la sociedad normal».[2]

NABUCODONOSOR ALABA A DIOS
DANIEL 4.34-37

Después de «siete tiempos» (que pudiera significar siete meses, estaciones o años) de haber atravesado esta humillante experiencia, Nabucodonosor de repente recobró el juicio y empezó a bendecir al Dios de los cielos por su misericordia (Dn 4.34).

¿Qué sugirió Nabucodonosor como causa de su caída? (Dn 4.37)

Compare las declaraciones de Nabucodonosor con las de Salomón en Proverbios 16.18.

LA FIESTA DE BELSASAR
DANIEL 5.1-12

Corría el año 539 a.C. Habían pasado casi setenta años desde que trajeron a Daniel a Babilonia y Belsasar, nieto de Nabucodonosor, reinaba ahora en el trono allí. Inscripciones históricas muestran que era corregente con su padre Nabonido, quien mantenía una residencia real separada en Tema, Arabia. Jeremías resuelve cualquier confusión al decir que «todas las naciones le servirán a él [Nabucodonosor], a su hijo, y al hijo de su hijo, hasta que venga también el tiempo de su misma tierra» (Jer 27.7).

Cuando este capítulo comienza, Nabonido y sus fuerzas han sido derrotados y él llevado al exilio por Ciro, el rey de los medos y los persas. Entonces, los medo-persas conquistadores dirigieron su atención a Belsasar, el rey de facto, y sitiaron la ciudad de Babilonia.

En una muestra de confianza e indiferencia a la amenaza militar fuera de las bien fortificadas murallas de la ciudad de Babilonia, Belsasar ordenó una fenomenal celebración, que rápidamente degeneró en una orgía de embriaguez. Belsasar mismo, poniendo el mal ejemplo ante sus invitados, esposas y concubinas (Dn 1.1), ordenó que trajesen los vasos de oro y plata, que Nabucodonosor sacó del templo de Jehová en Jerusalén, para beber vino y para alabar a las deidades paganas (Dn 1.3-4). Este uso blasfemo de los vasos sagrados fue tal vez para demostrar la superioridad de las deidades babilónicas por sobre el Dios de los hebreos.

En el clímax del bullicio de la fiesta desenfrenada, Dios escribió un misterioso mensaje en lo encalado de la pared, con dedos humanos, ¡espeluznantemente sin mano alguna!

¿Cómo afectó esta acción a Belsasar? (Véase Dn 1.6.)

¿A quién acudió el rey en busca de ayuda para interpretar lo escrito?

¿Qué les ofreció como recompensa? ¿Ayudó en algo?

¿A quién le recordó la reina (o reina madre) al rey?

LA ESCRITURA MISTERIOSA ES EXPLICADA
DANIEL 5.13-29

El anciano profeta fue llevado ante el rey. Le hicieron las mismas ofertas y sobornos que le hicieron a los sabios del rey para que diera a conocer la interpretación del misterioso escrito.

¿Qué se le ofreció y cómo respondió Daniel?

¿Qué piensa que hubiera hecho de estar en el lugar de Daniel aquella noche?

Daniel le dio a Belsasar una lección de historia a partir de su árbol genealógico. Le recordó las humillantes experiencias de su abuelo, Nabucodonosor, el cual perdió su cordura y le arrojaron del trono durante «siete tiempos». Luego el profeta acusó a Belsasar de tres cosas. Lea Daniel 5.33,23 e indique las acusaciones.

Primera:

Segunda:

Tercera:

Transliteradas al español las misteriosas palabras eran: *MENE, MENE, TEKEL, UPARSIN*. Con la ayuda de Dios, Daniel mostró el significado de cada palabra. Básicamente la interpretación se relacionaba al reino de Belsasar, al mismo rey y al futuro de Babilonia. Escriba la interpretación específica de cada palabra.

MENE:

TEKEL:

PERES (la forma verbal de UPARSIN):

Compare Daniel 4.37 con 5.22 para hallar una razón sencilla para la declinación y caída de líderes y naciones.

BELSASAR Y BABILONIA CAEN EN UNA NOCHE
DANIEL 5.30

Esa misma noche Belsasar, el rey de Babilonia, fue asesinado (Dn 5.30). El más grande imperio que la humanidad había conocido estaba a punto de caer sin batalla. Con el rey Nabonido exiliado y los líderes de Babilonia borrachos, Ciro tomó la ciudad de Babilonia por la noche, quien secretamente desvió el río Éufrates y envió a sus tropas por debajo de las murallas de la ciudad por el lecho del río. Vencieron con facilidad a los babilonios, quienes estaban ebrios y en confusión interna. Babilonia, la cabeza de oro en el sueño de Nabucodonosor, dejó de existir.

De acuerdo a Hechos 17.26, ¿cómo se predeterminan y controlan los tiempos y límites de las naciones?

¿Puede el hombre cambiar o controlar esta determinación? (Véase Dn 4.35.)

¿Por qué debemos orar por los líderes nacionales y locales? (Véase 1 Ti 2.1-4.)

EL COMPLOT CONTRA DANIEL
DANIEL 6.1-9

Al morir Belsasar y caer Babilonia, Darío el medo ascendió al trono. Las opiniones difieren en cuanto a la identificación exacta de Darío. Algunos indican que la palabra *Darío* no es un nombre, sino un título de Media, que significa «su majestad» o «su realeza», y que el hombre que adoptó el título fue Gubaru, uno de los comandantes de los ejércitos de Media. Mientras tanto Ciro, como comandante de los persas, atendía los asuntos militares que lo ocuparon durante la mayor parte de su reinado. Otros creen que *Darío* es un título de honor o importancia y que lo usó el mismo Ciro.

¿Qué estructura administrativa estableció Darío sobre el reino?

¿Qué ventaja le dio a Daniel distinguirse sobre los otros líderes del gobierno?

INFORMACIÓN ADICIONAL

Cuando un conquistador busca establecer un nuevo gobierno sobre una nación subyugada, enfrenta una situación difícil y peligrosa. Es más fácil y eficaz ganar la cooperación de las personas, que forzarlas a ser leales. Darío era lo suficiente astuto como para ver en Daniel un primer ministro que no sólo daría continuidad a un mandato popular, sino un estadista de confianza familiarizado durante mucho tiempo con las características de Babilonia, y que había gobernado con lealtad y éxito. La carrera de Daniel y su carácter eran impecables.

¿Qué había detrás del complot para derrocar a Daniel? (6.1-9)

¿Cómo le atrajo al rey la proposición que le presentaron?

DANIEL EN EL FOSO DE LOS LEONES
DANIEL 6.10-23

Aunque a Daniel lo excluyeron cuidadosamente de las discusiones anteriores, estaba enterado, sin embargo, que Darío había firmado el decreto prohibiendo orar a Dios. Sin inmutarse, Daniel volvió a su cámara de oración y continuó con su disciplina diaria, orando a Dios, «tarde y mañana y a mediodía» (Sal 55.17).

¿Qué otras alternativas pudieran haber estado abiertas para Daniel?

 FE VIVA

Los líderes judíos les ordenaron a los primeros discípulos que no enseñaran en el nombre de Jesús (Hch 5.28). La respuesta de Pedro mostró un principio para cualquier ocasión cuando las leyes de los hombres presentan conflicto con las leyes de Dios. En tales ocasiones: «Es necesario obedecer a Dios antes que a los hombres» (v. 29).

¿Puede pensar en algunas cuestiones de hoy que ponen en contra la ley de la nación con la ley de Dios?

Si es así, ¿qué podemos aprender del ejemplo de Daniel en el capítulo 6?

¿Qué otra información adicional se aprende respecto al decreto que firmó Darío? (6.10-15)

¿Cómo describieron los conspiradores la manera en que Daniel no respetaba el decreto? (v. 13)

¿Cómo reaccionó Darío a la información? (v. 14)

Los otros líderes presionaron al rey para que cumpliera su juramento y este vio que no tenía otra alternativa que echar a Daniel en el foso de los leones. Sin embargo, el rey se apresuró a expresar confianza de que el Dios de Daniel le libraría.

El rey pasó una noche de ansiedad y al amanecer corrió al foso de los leones. Con espíritu afligido Darío llamó a Daniel para preguntarle si su Dios en verdad había sido capaz de librarle.

¿Dónde hubiera estado Daniel si Dios no le hubiera librado aquella noche? (Véase 2 Co 5.6-8.)

¿Quién, dijo Daniel que «cerró la boca de los leones»?

¿Cómo fue librado Daniel? (v. 23)

DARÍO HONRA A DANIEL Y A SU DIOS
DANIEL 6.24-28

¿Cuál fue el horrible destino de los enemigos de Daniel y sus familias? (v. 24)

¿Cómo honró el rey pagano al Dios de Daniel? (vv. 25-27)

¿Cómo explica la destrucción de los enemigos de Daniel y que él prosperara «durante el reinado de Darío y durante el reinado de Ciro el persa»? (Dn 6.28)

 FE VIVA

¿Qué clase de «leones» enfrenta usted?
Describa una ocasión en la cual le acusaron injustamente y juzgaron arbitrariamente en algún asunto.
¿Está dispuesto a someterse a la voluntad de Dios sin importar lo que ocurra en su «foso de leones»?
Basado en los relatos sobre los jóvenes en el horno de fuego (Dn 3) y la liberación de Daniel del foso de los leones, escriba su propia declaración de fe respecto a la circunstancia difícil que ha descrito arriba.

Lección 4 / Un panorama de la profecía
Daniel 7.1—8.27

Alguien ha dicho: «¡La profecía es la historia escrita antes de que ocurra!»

Uno de los elementos emocionantes de la profecía bíblica es que predice con exactitud aspectos del futuro. Sólo Dios es omnisciente y conoce el futuro, pero ha querido revelar a través de los profetas su inmutable plan de redención para la historia humana durante el «tiempo de los gentiles».

Debido a que el profeta Daniel «tuvo entendimiento en toda visión y sueños» (Dn 1.17), pudo interpretar los sueños y visiones de otras personas. Pero también Dios lo usó especialmente para recibir y relatar cuatro visiones clave acerca de acontecimientos futuros que forman un tipo de panorama de profecía. Estos se relatan mediante una serie de señales y símbolos en los capítulos finales de sus escritos.

En Daniel 7 el profeta describe las cuatro naciones que vio antes en la imagen, en el sueño de Nabucodonosor, como bestias que surgen del mar. La descripción y perspectiva son diferentes, pero las mismas naciones están a la vista. El sueño de Nabucodonosor detalló la historia gentil mundial desde la perspectiva humana, en tanto que Daniel percibió estos «tiempos de los gentiles» desde el punto aventajado de Dios.

Como los cuatro metales de la imagen de Daniel 2, las cuatro bestias del capítulo 7 representan cuatro imperios mundiales. En una visión afín, Daniel predice acontecimientos venideros y el clímax del conflicto entre las superpotencias mundiales (cap. 8). Así, las profecías de Daniel 2, 7 y 8 son paralelas entre sí en su alcance universal y secuencia específica.

DE UN VISTAZO

Imperio mundial	Imagen del sueño de Nabucodonosor	Visiones de Daniel primera	segunda
Babilonia (606-538 a.C.)	Cabeza de oro (2.32,37-38)	León (7.4)	
Media y Persia (538-331 a.C.)	Pecho, brazos de plata (2.32,39)	Oso (7.5)	Carnero (8.3-4,20)
Grecia (331-146 a.C.)	Vientre, muslos de bronce (2.32,39)	Leopardo (7.6)	Macho cabrío con un cuerno (8.5-8,21) Cuatro cuernos (8.8,22) Cuerno pequeño (8.9-14)
Roma (146 a.C.-476 d.C.)	Piernas de hierro Pies de hierro y barro (2.33,40-41)	Bestia fuerte (7.7,11,19,23)	

FE VIVA

¿Cómo quedó afectado Daniel emocional y físicamente por sus visiones? (Véase Dn 7.15, 28; 8.17, 18, 27; 10.8)

Algunas personas parecen adquirir «orgullo religioso» cuando captan cierto conocimiento de la profecía bíblica. ¿Cómo deberíamos responder cuando comprendemos la palabra profética de Dios?

Haga una lista de la instrucción práctica que Jesús dio con predicción profética en estos versículos:

Mateo 24.42-44; 25.13

Mateo 25.1-13

INFORMACIÓN ADICIONAL

Una comparación de Daniel 2 y 7 con Apocalipsis 13.1-4 indica a los dispensacionalistas que el cuarto imperio, Roma, nunca fue totalmente destruido. Sólo llegó a su fin la *forma* imperial de sus poderes social y político. Muchos piensan que hacia el final de los «postreros días» la Roma imperial se volverá a restaurar de alguna manera y la gobernará «la bestia», el anticristo apocalíptico que recibirá su poder del mismo Satanás.

VISIÓN DE LAS CUATRO BESTIAS
DANIEL 7.1-8

En Daniel 7—12, el profeta relata cuatro visiones clave acerca de sucesos futuros. Estos no necesariamente encajan en el orden cronológico con los sucesos en los capítulos precedentes. Por ejemplo, en el capítulo 7 «el sueño de Daniel debe haber tenido lugar alrededor del 550 a.C., unos 10 años antes de los acontecimientos narrados en el capítulo 5».[1]

En Daniel 7 tenemos en realidad cuatro visiones. La primera se ve en los versículos 2-6. La escena es de una considerable tormenta que surge del «gran mar», resultando en la aparición de una gran bestia que surge del mar después de cada tormenta.

LOS CUATRO VIENTOS Y
LAS CUATRO BESTIAS DEL GRAN MAR
DANIEL 7.2-8

La visión de Daniel muestra la historia humana en conflicto. «Cuatro» es un número que a menudo se usa en referencia a las cosas de esta tierra: «cuatro estaciones», «cuatro puntos cardinales», etc. En los pasajes simbólicos, «vientos» se refieren a guerra, conflictos, actividad demoníaca y juicios de Dios (vv. 1-3; 8.7-13 con Jer 25.32-33; Ap 7.1-3). Finalmente, a menudo en los pasajes simbólicos las «bestias» se ven representando reinos (Dn 7.17,23-24; 8.20-23; Ap 17.8-11) y sus gobernantes (Ap 11.7; 13.18; 17.8). Cada bestia, surgiendo del mar, tipifica un gran imperio mundial que aparece para correr su curso.

Enlace los detalles de las visiones de Daniel de animales salvajes (7.4-8) con la bestia apropiada: el león, el oso, el leopardo y la «bestia espantosa».

Detalle de la visión	Bestia correspondiente
Ojos humanos	
Cuatro cabezas	
Alas de águila	
Boca que habla palabras pomposas	
Se le dio corazón de hombre	
Dientes de hierro	
Tres costillas en su boca	
Diez cuernos	
Cuerno pequeño	
Cuatro alas de ave en su espalda	

LA VISIÓN DEL QUINTO REINO: EL REINO DE DIOS
DANIEL 7.9-14

El contexto liga a los cuatro poderes mundiales gentiles con un reino literal, terrenal de Dios, que les sigue.

¿Qué título usa Daniel para presentar el concepto de la Trinidad? Dn 7.9,13 y 22.

El primero muestra a Dios en su trono, juzgando a los grandes imperios mundiales de los días de Daniel. El segundo es el Señor Jesús viniendo en las nubes del cielo (v. 13) en busca de su legítima herencia terrenal de su Padre, el Anciano de días.

¿Cómo lo predicen las siguientes personas?

David (Sal 2.6-9)

Gabriel (Lc 1.32)

Jesús (Mc 14.61-62)

INFORMACIÓN ADICIONAL

Cada vez que Jesús se refirió a sí mismo como «el Hijo del Hombre», se alineaba a propósito con la profecía de Daniel acerca de la venida del Mesías (Mt. 16.27-28; 19.28; 25.31; 26.64). Compare la visión de Daniel de la coronación de Cristo con su contrapartida en Apocalipsis 4 y 5:

Dn 7.13-14	Ap 4.2b-4; 10b,14	Ap 5.1a,4,5, 7,12,13

SE INTERPRETA LA VISIÓN DE DANIEL
DANIEL 7.15-28

¿Quién va a poseer el reino y por cuánto tiempo? (Dn 7.18,27)

Identifique los diversos «santos» de los siglos en los siguientes versículos e indique si piensa que estarán incluidos en «el reino hasta el siglo, eternamente y para siempre»:

Salmo 34.9a

Salmo 116.15

Salmo 149.1

1 Corintios 1.2a

Apocalipsis 20.4

Se dice que el «cuerno pequeño» perseguirá (literalmente «agotará») a los santos del Altísimo. Esto parece sugerir aflicción mental y provocación circunstancial más que daño físico. ¿Cómo se compara esto con los sufrimientos durante la Gran Tribulación? (Véanse Ap 7.4-17; 12.13-17.)

¿Cómo podemos aplicar Daniel 7.21-22 a nuestra guerra espiritual?

¿Qué revela este pasaje de las Escrituras respecto a la estrategia de Satanás contra todos los creyentes?

¿Cómo podemos prepararnos para la adversidad espiritual?

¿A quién más se le promete un lugar en el Reino? ¿En base a qué? (Véanse Mt 19.28; Ro 4.3,21-25; 2 Co 5.21.)

¿Quién le ayudó a Daniel a interpretar el significado de las cuatro bestias? (Véase Dn 7.16 y compárese con Dn 8.16; 9.21.)

¿Qué simbolizan los diez cuernos (Dn 7.7-8,23,24)? Compare estos cuernos con los mencionados en Apocalipsis 13 y 17.

¿Cuándo surgirá el «cuerno pequeño» (Dn 7.8) en la escena política? (Véase 7.24-25; Ap 17.8-11.)

¿Por cuánto tiempo se manifestará la intensa persecución contra los «santos del Altísimo» y tratarán de cambiar los tiempos y la ley (Dn 7.25)? Compare la duración de su breve carrera con Apocalipsis 11.2-3; 12.6,14; 13.5.

¿Qué causará el fin súbito y desastroso de su carrera? (Dn 7.26-27)

SONDEO A PROFUNDIDAD

«La profecía [de Dn 7.21,22] revela la presente era del reino, en la que se desarrolla una lucha constante; con una victoria tras otra para la Iglesia. Pero su triunfo final aguarda el regreso de Cristo.

»Esta profecía también pone sobre una balanza la cuestión de la soberanía divina y la responsabilidad humana: (1) La soberanía de Dios logra la victoria fundamental (v. 22) y conquista en la cruz el triunfo decisivo, que permite a los santos recibir el reino. (2) Dios confía la responsabilidad de esta lucha a los suyos, para que recibieran el reino en medio de una batalla contra el adversario. Pero, en ocasiones, los santos sufrirán aparentes derrotas (v. 26). (3) Sin embargo, se acercan a la victoria mientras avanzan hacia el "juicio" (vv. 22,26) y se apoderan de dominios controlados por la maldad. Estos le arrebatan el dominio a los poderes infernales y continúan en guerra hasta que se siente sobre su trono el Hijo del Hombre (vv. 14,27).

»Los sistemas proféticos difieren sobre cómo y cuándo se cumplen estas palabras en el calendario de la historia de la Iglesia, porque el pasaje se presta para distintos esquemas de interpretación, cada uno de los cuales propone una cronología distinta. Pero el hecho fundamental permanece: una lucha prolongada entre "los santos" y el poder del mal en el mundo reclama de cada creyente una posición firme en medio de una serie de victorias parciales y derrotas transitorias. La consumación del triunfo final anticipa la venida de Cristo. Mientras tanto, "recibimos" el reino y buscamos victorias para nuestro Rey, gracias a su poder, logrando intermitentes victorias, todas basadas "en el juicio" dispensado por medio de la cruz. (Véanse 1 P 2.9 y Ap 12.10,11.)»[2]

LA VISIÓN DEL CORDERO Y DEL MACHO CABRÍO
DANIEL 8.1-14

Dos años después de las visiones sobre las cuatro bestias, Daniel vio otra visión que le dio información adicional sobre algunos asuntos clave. El tiempo de esta visión fue al final del reinado de Belsasar (aproximadamente 547 a.C.) y corresponde a los sucesos dramáticos del quinto capítulo de Daniel.

La sección histórica anterior, Daniel 2.4 hasta 7.28, se escribió en arameo, el lenguaje comercial del mundo gentil de esa época. Tal vez el profeta usó aquí el arameo para enfatizar los destinos de las naciones gentiles: surgimiento, progreso, declinación y colapso. Daniel 8—12, sin embargo, enfatiza el destino del pueblo hebreo. Estos capítulos enfocan la historia humana en su relación a los judíos; y el lenguaje original del texto es apropiadamente hebreo.

En la visión de Daniel 8.1-14, se lleva a Daniel al palacio en Susa, la capital de invierno de los reyes persas, alrededor de quinientos kilómetros al este de Babilonia. El «río Ulai» (v. 2) era en realidad un canal de irrigación que corría hacia el noroeste de la ciudad entre los ríos Querka y Abdizful. Allí ve una batalla entre un carnero con dos cuernos y un macho cabrío con un cuerno.

Describa los rasgos únicos del carnero en los versículos 4 y 5.

¿De dónde vino el macho cabrío y qué ocurrió cuando se enfrentó al carnero?

¿Qué ocurrió después que se quebró el poderoso cuerno del macho cabrío? (v. 8)

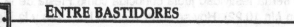 **ENTRE BASTIDORES**

«La ruptura del cuerno notable [v. 8] era una referencia a la muerte prematura de Alejandro en el pináculo de su fuerza en el 323 a.C. Su reino se dividió entre sus cuatro generales (llamados los *diadoqui*, griego, "sucesores") Tolomeo, Casandro, Lisímaco y Seleuco I, los cuatro cuernos que surgieron en lugar de Alejandro. Lisímaco recibió Tracia y Bitinia, Casando tomó Macedonia y Grecia, Seleuco I recibió Siria, Babilonia y el Oriente hasta la India, mientras que Tolomeo recibió Egipto, Palestina y Arabia».[3]

De Siria vino Antíoco IV, apodado Epífanes (griego: «Dios manifiesto»). Gobernó Siria desde el 175 a.C. hasta el 163 a.C. y persiguió a los judíos y profanó su templo, llegando a conocerse como el anticristo del Antiguo Testamento.

«En feroz represalia contra los judíos Antíoco atacó Jerusalén, matando cincuenta mil hombres, mujeres y niños. Vendió otros cuarenta mil como esclavos. El templo se dedicó a Júpiter Olimpo; y en el gran altar de bronce ofreció un cerdo, cuyos jugos se rociaron liberalmente por todos los recintos del templo. Usó prostitutas en el templo para celebrar la Saturnalia y prohibió la observancia del *sabat*, la lectura de las Escrituras y la circuncisión. Al parecer, los versículos 10-12 se refieren a esto. No es poca la sorpresa de que a Antíoco también se le llamó Epimanes, es decir, "Antíoco el loco"».[4]

«La interpretación clásica identifica a este "pequeño cuerno" con el mencionado en 7.8, mientras la interpretación dispensacionalista no lo hace».[5]

Los historiados identifican a Antíoco Epífanes deteniendo los sacrificios en el templo judío en Jerusalén a principios de septiembre de 171 a.C. El 15 de diciembre de 168 a.C. profanó el templo sacrificando el cerdo en lo que los judíos llamaron la «abominación desoladora». La revuelta judía que siguió, dirigida por Judas Macabeo («martillo»), se describe en dos libros apócrifos: 1 y 2 Macabeos.

Finalmente, en diciembre de 165 a.C., los patriotas judíos limpiaron y rededicaron el templo que Antíoco profanó. Es interesante notar que al calcular hacia atrás dos mil trescientos días (Dn 8.14) uno llega al período del 171 a.C., cuando Antíoco empezó a acosar a los judíos.

Más adelante, la celebración de la purificación del templo llegó a ser la festividad judía conocida como Fiesta de la Dedicación (Jn 10.22). Hoy se conoce como Hanukah y la Fiesta de las Luces.

Algunos intérpretes religiosos han tomado los dos mil trescientos días (literalmente «noches-mañanas», tal vez refiriéndose a los sacrificios de la mañana y de la noche) como queriendo decir años y han tratado de llegar al año de la venida de Cristo. En cada caso han quedado abochornados por sus predicciones equivocadas.

De acuerdo a Daniel 8.14-15, ¿cuánto tiempo eliminará el «cuerno pequeño» los sacrificios en el templo judío en Jerusalén?

Convierta la respuesta a un período de años, meses y días.

Compare este período con el mencionado en Apocalipsis 12.14. ¿Qué hay de significativo en esta comparación?

SE INTERPRETA LA VISIÓN
DANIEL 8.15-24

¿Qué período simboliza la visión del carnero y del macho cabrío? (Dn 8.17,19)

¿A qué reyes representa el cordero con dos cuernos? (v. 20)

¿A qué potencia mundial representa el macho cabrío? (v. 21)

¿Cuándo llegará al poder el «cuerno pequeño»? (vv. 9-12,22-23)

Quizás Antíoco Epífanes fue el «cuerno pequeño» histórico, pero hay todavía un «cuerno pequeño» profético (el anticristo) que hará todo lo que su precursor hizo y mucho más. Véase Apocalipsis 12, 13 y 19, y escriba una lista con las similitudes del «cuerno pequeño» de Daniel 8.9-20,23-27.

Compare la instrucción dada a Daniel en 8.26 con las que se dan en 12.4.

Cerrar y sellar una visión era un rasgo común en la literatura apocalíptica (Is 8.16). Su significado se aclara en Apocalipsis.

¿Por qué piensa que Daniel se debilitó y enfermó después de oír la interpretación de la visión? Analice Daniel 9.3; 10.2 y 3 antes de contestar.

Toda verdad bíblica, incluyendo la profecía, tiene el propósito de hacer del creyente una persona madura, plenamente preparada para toda buena obra (2 Ti 3.16-17). Antes de avanzar más, haga una pausa de unos pocos minutos y ore que el Espíritu Santo aplique a su vida lo que ha estudiado hasta aquí. Ahora, haga una lista de todas las percepciones y aplicaciones prácticas que pueda.

 FE VIVA

Daniel dijo que quedó quebrantado con estas visiones. Sin embargo, «nadie las entendió». En otras palabras, no contó las visiones a otras personas ni trató de explicar por qué se había enfermado (Dn 7.28; 8.27).

«La sabiduría es necesaria para desarrollar las potencialidades individuales. El hombre sabio espiritualmente sabe cuándo debe y cuándo no debe hablar de cosas que ha visto y sabe cuándo debe renunciar a ciertas experiencias espirituales».[6]

Algunos de los secretos y visiones de Dios son para meditar y no para proclamar (Lc 2.19,51). Contar los secretos de Dios con imprudencia o para ganar la estimación de otros puede hacer que Él no se los dé en el futuro.

Lección 5 / Restauración y recompensa de Israel
Daniel 9.1-27

A todo el mundo le gusta un buen misterio. El estímulo de lo incierto nos mantiene observando o leyendo. ¡Queremos descubrir cómo se resolverá el conflicto, cómo los detalles encajan en su lugar y cómo terminará todo!

En la ancianidad de Daniel, él estudiaba las Escrituras y buscaba al Señor para descubrir cuándo concluiría la cautividad de los judíos en Babilonia. Anhelaba el cumplimiento de las promesas de la gracia de Dios a Israel. El recuento que se nos da en el capítulo nueve revela el destino y calendario de Dios para la restauración de los judíos y Jerusalén.

De la profecía de Jeremías, quien profetizó a los judíos en Jerusalén antes y durante las deportaciones, Daniel observó que las «desolaciones de Jerusalén» durarían un total de setenta años (Jer 25.11; 29.10-14). Daniel se dio cuenta de que se acercaba a la culminación de este período profético.

Más adelante en este capítulo, un mensajero angélico reveló otro misterio: después de una serie de secuencias de otros «setenta sietes» el Mesías de Israel establecería el Reino de Dios. En ese tiempo las misteriosas visiones recibidas acerca del futuro, a las que a menudo se refiere como los «tiempos de los gentiles», se resolverán y cumplirán.

ORACIÓN DE DANIEL POR SU PUEBLO
DANIEL 9.1-19

Daniel empezó su exilio en el 605 a.C., como un adolescente, primero sirviendo en la corte del rey Nabucodonosor. Continuó sirviendo después que el Imperio Babilónico cayó ante los medos y los persas. Ahora, en el 538 a.C., durante el gran gobierno del rey medopersa Ciro, se nos dice que Darío «vino a ser rey sobre el reino de los caldeos» (Dn 9.1). Daniel, después de casi setenta años en el exilio, continuaba sirviendo como asesor en la corte.

FE VIVA

El estudio de la profecía de Jeremías estimuló a Daniel a orar. Para el cristiano consciente, la profecía no es ni un escapismo ni una distracción del ministerio presente. Es más bien una motivación elevada y santa para el presente. Dios el Padre, Juez del cielo y de la tierra, nos llama a santidad, para que podamos escapar de la ira que vendrá (1 Ts 1.9-10). Una comprensión sensible de la profecía estimula el arrepentimiento personal e intercesión por otros.

¿Cómo mostró Daniel sinceridad y tristeza piadosa al interceder ante Dios por sus hermanos rebeldes? (v. 3)

Compare las acciones de Daniel con las de Jacob y Job en Génesis 37.31-35 y Job 42.5-6.

¿Cómo el ayuno y la oración son respuestas apropiadas a la profecía?

¿Cómo reconoció Daniel la justicia de Dios y el pecado de Israel?

¿A qué atribuía Daniel que su pueblo estuviera en el exilio?
(Dn 9.11)

De acuerdo a la Ley de Moisés (Lv 25.1-5), ¿qué debía ocurrir
en Israel cada siete años?

Según Levítico 26.33-35 este mandamiento se desobedeció y
ahora había que pagar las consecuencias. ¿Cuánto tiempo tendrían
los judíos que permanecer exiliados en tierra extranjera?

La cautividad babilónica no fue una casualidad histórica. Más
bien fue un período soberanamente forzoso para que la tierra go-
zara de «sus días de reposo» (Lv 26.34). Fue para compensar la
larga violación del *sabat* del Señor.

En Deuteronomio 30.1-3,10, ¿qué les dijo Dios a los judíos que
tenían que hacer para que se les permitiera regresar a la tierra de
Israel?

En Daniel 9.16-19 el profeta presentó su petición a Dios:

¿Quién era oprobio entre el pueblo?

¿Quién era conocido como misericordioso?

¿De quién era la reputación que estaba en juego?

LA PROFECÍA DE LAS SETENTA SEMANAS
DANIEL 9.20-27

En respuesta a la oración penitente y ayuno de Daniel, Dios envió a su arcángel Gabriel, dándole a Daniel una respuesta enigmática que es uno de los pasajes proféticos más difíciles de las Escrituras. Algunos de los sucesos que se predicen se han cumplido con exactitud literal y otros, que aún no se han cumplido, proveen el marco para el tiempo del fin.

ENTRE BASTIDORES

La profecía de Gabriel es sobre la venida y crucifixión de Cristo, cuando pondría fin a las transgresiones y reconciliaría al hombre con Dios. Pero su reino de «justicia perdurable» no ha venido con pleno poder y aún no se ha ungido al «Santo de los santos».

Los profetas del Antiguo Testamento no vieron el doble cumplimiento de la venida del Mesías (Ef 3.3-7). Cuando Jesús leyó las Escrituras en la sinagoga en su pueblo de Nazaret, se detuvo a mitad de la sección seleccionada de Isaías (Is 61), y dijo: «Hoy se ha cumplido esta Escritura delante de vosotros» (Lc 4.16-21). No leyó el pasaje completo, porque sólo la primera mitad está relacionada con su primera venida. El «día de venganza» (Is 61.2b) pertenece a su Segunda Venida.

¿Cuántos períodos de semanas (literalmente «sietes») están determinados para el pueblo de Daniel y la santa ciudad de Jerusalén? (9.24)

SONDEO A PROFUNDIDAD

La siguiente tabla de *The Believer's Study Bible* [La Biblia de estudio del creyente] muestra una comprensión dispensacional de las setenta semanas de Daniel:

La profecía de las setenta semanas (490 años)[1]				
Decreto de Artajerjes a Nehemías: 14 de marzo de 445 a.C.	Presentación del Mesías como Príncipe, 6 de abril de 32 d.C.		Pacto del anticristo con Israel	Regreso del Mesías para establecer el Reino de Dios
v. 25 Sesenta y nueve semanas (483 años)		v. 26 Intervalo de tiempo	v. 27 Septuagésima semana	
(Siete semanas) 49 años para completar la reconstrucción de Jerusalén	(Sesenta y dos semanas = 434 años)	Se quita la vida al Mesías: 33 d.C. / Jerusalén y el santuario destruidos: 70 d.C.	Tres años y medio / Imagen del anticristo en el templo	Tres años y medio Desolación por el anticristo / Seis propósitos v. 24

Sin embargo, los que estudian el método clásico (no dispensacional) a la interpretación profética, no ven el valor literal expresado en la frase «setenta semanas», como refiriéndose precisamente a 490 años. Los que se adhieren a esto notan que en ninguna parte se dice que las «semanas» (literalmente «sietes») sean años. En lugar de eso, tales estudiantes comprenden el uso de Daniel del término «setenta semanas» más o menos como comprenden el uso de Jesús de «setenta veces siete» cuando instruye a Pedro a perdonar sin medida (Mt 18.21-22). Es evidente que la intención de Jesús era que Pedro perdonara generosamente, sin pensar en llevar un conteo de las veces que ha perdonado, sólo para negarse a perdonar la ofensa #491. Los que sostienen el punto de vista clásico de la profecía ven el uso de Daniel de las «setenta semanas» en forma similar, como refiriéndose a un período muy largo, indefinido, en el cual se castiga a Israel por sus transgresiones. En cualquier caso, sin embargo:

¿Cuáles son los seis propósitos principales que se indican para este período? (Dn 9.24)

¿Cuándo empieza a marcar el reloj profético de Dios? (Véase v. 25.)

DE UN VISTAZO

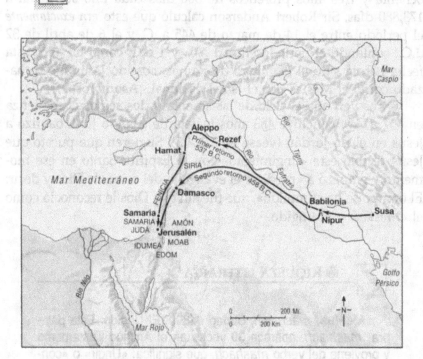

El retorno del exilio. Cuando el persa Ciro capturó Babilonia en el 539 a.C., quedó despejado el camino para que Judá iniciara el retorno a su tierra natal. Dos grandes expediciones se pusieron en marcha, una en el 537 a.C. y otra en el 458 a.C.[2]

¿Por qué el mensajero de Dios dividió la semana sesenta y nueve en dos partes? (Dn 9.24-27)

Los setenta sietes se dividen en tres secciones: siete, sesenta y dos, y uno. La primera sección de sietes se debía contar desde el tiempo que se diera el decreto «para restaurar y edificar Jerusalén». Esto se piensa que lo llevó a cabo el gobernante medopersa Artajerjes Longímano (véase Neh 2.5) el 14 de marzo de 445 a.C.

Los que usan esta fecha creen que las sesenta y nueve semanas completas llegaron a su fin cuando Cristo hizo su entrada triunfal en Jerusalén como el Mesías de Israel en el Domingo de Ramos (Sal 118.22-26; Lc 19.28-44; Ro 8.22-23; Zac 9.9). Cuatrocientos ochenta y tres años proféticos de 360 días cada uno son igual a 173,880 días. Sir Robert Anderson calculó que esto era *exactamente* el período entre el 14 de marzo de 445 a. C. y el 6 de abril de 32 d.C., contando el período entre 1 a.C. y 1 d.C. como un año. Esta fecha habría sido el Domingo de Ramos, cuando Jesús fue rechazado como el Mesías por el Israel nacional. ¡Asombroso![3]

Otros ven que el ciclo de las sesenta y dos semanas comienza en 457 a.C. y concluye 483 años más tarde cuando Juan bautizó a Jesús en el río Jordán (véase Lc 3.22-23). Sugieren que puesto que Jesús recibió este «ungimiento» con el Espíritu Santo en ese momento y empezó a «predicar el evangelio del reino de Dios y decir: El tiempo se ha cumplido», que fue allí que Dios le reconoció como el «Mesías» y el ungido.

 ## RIQUEZA LITERARIA

Mesías, *mashiach;* Strong #4899: El Ungido. Esta palabra, *mashiach*, aparece 39 veces en el Antiguo Testamento y proviene del verbo *mashach*, que significa: «Ungir» o «consagrar a una persona con el santo aceite de la unción». *Mashiach* describe al sumo sacerdote (Lv 4.3,16) y a reyes ungidos, tales como Saúl (2 S 1.14) y David (2 S 19.21; Sal 18.50). En los Salmos y en Daniel, *mashiach* designa particularmente al heredero ungido de David, el rey de Israel y gobernante de todas las naciones (véanse Sal 2.2; 28.8; Dn 9.25, 26). Cuando los primeros seguidores de Jesús se referían a Él, le llamaban Jesús el Mesías, o en hebreo, *Yeshua ha-Mashiach*. «Mesías» o «Ungido» equivale a *Christos* en griego; de ahí surge la forma castellana «Cristo». Siempre que al Señor se le da el nombre de «Jesucristo», se le está llamando: «Jesús, el Mesías».[4]

La profecía decía que al Mesías, que se puede traducir el «Ungido», se le quitaría la vida abruptamente sin recibir su parte del Reino (Dn 9.26). Los primeros 483 años de la profecía de Daniel culminaron con la crucifixión del Señor Jesucristo en Jerusalén, la «ciudad de nuestro Dios».

Nuestro Señor, desde el mismo principio de su existencia terrenal, estuvo estrechamente ligado a Jerusalén y al templo allí. Se narra que visitó siete veces la ciudad capital, cada una con especial interés en el templo.

ENTRE BASTIDORES

«Cinco templos son importantes en la historia judía: **1. El templo de Salomón** (c. 1000 a.C.), símbolo del pasado glorioso de Israel; **2. el templo de Zorobabel** (c. 536 a.C.), una estructura muy inferior construida por los judíos a su regreso del cautiverio babilónico; **3. el templo de Herodes**, comenzado alrededor del 19 a.C., se construyó para reemplazar el edificio de Zorobabel. Era un edificio magnífico en el servicio de la época de Jesús, pero Tito lo destruyó en el 70 d.C.; **4. el templo del anticristo**, construido bien sea antes o durante la primera parte de los tres años y medio de la tribulación, pero que será destruido por el terremoto final antes de que Jesús vuelva; **5. el templo de Jesucristo**, edificado al principio del reinado milenial de Jesús sobre la tierra».[5]

De acuerdo a Daniel 9.25, ¿cuántas semanas deben pasar desde el tiempo del decreto para restaurar y edificar Jerusalén hasta la venida del Mesías?

¿Cuáles dos rasgos menciona Daniel 9.26 que ocurren *después* de la semana sesenta y nueve?

¿Cómo da cumplimiento la destrucción de la ciudad y del templo por Tito en el 70 d.C. a esta fase de la profecía?

Compare el «príncipe que ha de venir» con la bestia del mar en Daniel 8 y el «cuerno pequeño» de 7.8.

INFORMACIÓN ADICIONAL

A este período final de siete años en las setenta semanas de Daniel los intérpretes futuristas comúnmente lo conocen como la «Gran Tribulación» debido al sufrimiento y rigurosa prueba que soportarán los que vivan en la tierra en ese tiempo. Los intérpretes clásicos, sin embargo, ven el cumplimiento inicial de las secciones proféticas de Daniel en sucesos históricos pasados, con el cumplimiento final de muchas profecías a experimentarse al final de esta era.

Los futuristas proyectan este período final de los «tiempos de los gentiles» diciendo que empiezan cuando el anticristo haga un pacto para proteger a Israel por un período de siete años (Is 28.14-17). La primera mitad de ese tiempo (42 meses; Ap 13.1-5) los judíos la conocerán como «principio de dolores» (Mt 24.8). Se caracterizará por la conquista, guerra, hambruna, persecución y muerte (Mt 24.6-12; Ap 6.1-8), conforme el anticristo reúne una coalición de naciones bajo su poder y persuasión (Ap 13.3-5).

Sin embargo, en medio de la septuagésima semana de Daniel (después de 3½ años), el anticristo cambiará su posición hacia los judíos y exigirá que lo adoren. Esta es la «abominación desoladora» a la cual se refieren Daniel y Pablo (Dn 9.27; 2 Ts 2.2-4). Le sigue un período conocido como la «Gran Tribulación» (Mt 24.21,29; Mc 13.19,24; Ap 7.14). Incluirá la profanación del templo, gran persecución a Israel y los juicios más severos del período de la tribulación al derramar Dios su ira (Ap 6.17).

El período final de siete años concluye «después de la tribulación de aquellos días» con la Segunda Venida de Jesús, el Mesías (Mt 24.29-31; Ap 19.11-21). A continuación, Jesús establecerá su Reino y regirá con sus santos sobre la tierra durante mil años (Ap 20.4-6), y luego por toda la eternidad con un nuevo cielo, una nueva tierra y una nueva Jerusalén (Ap 21).

 ## FE VIVA

Independientemente de cuál método de aproximación a la profecía nos convenza más, ¿qué diferencia debería hacer en nuestras vidas este estudio de la profecía de los últimos tiempos? ¿Cómo deberíamos vivir mientras esperamos la venida de nuestro Señor?

Romanos 13.11-14 enfatiza una elevada norma de conducta moral, especialmente en vista a la cercanía del regreso de Cristo. Lea este pasaje y luego comente sobre los dos llamamientos a la excelencia moral que hace Pablo, uno que lo indica de manera positiva (algo que debemos hacer) y otro de forma negativa (algo que no debemos hacer).

El positivo:

El negativo:

Para cada uno, indique al respecto cómo es su vida ahora:

Lección 6 / La historia mundial revelada
Daniel 10.1—12.13

Daniel 10—12 posee una gran unidad de profecía revelando de antemano la historia mundial. Dos años antes de esta visión final dada a Daniel en el 538 a.C., el rey persa Ciro dictó el decreto que le permitía a algunos de los judíos en el exilio volver a Jerusalén para reconstruir la casa de Dios (2 Cr 36.22-23; Esd 1; Is 44.28). Ahora, después de este breve tiempo, a Daniel o bien se le ha dicho, o percibe en su espíritu, la oposición y resistencia que su pueblo enfrentaba en la reconstrucción del templo en Jerusalén.

VISIONES DE UN VARÓN EXTRAORDINARIO
DANIEL 10.1-9

Daniel 10.2-3 revela la abstinencia temporal del profeta de ciertos alimentos, lo cual muestra lo que algunos llaman el «ayuno de Daniel». No tomó manjares delicados, ni carne, ni vino, como disciplina para expresar su aflicción espiritual. Algunos han sugerido que este ayuno de tres semanas ocurrió durante el período de la fiesta de la Pascua.

Durante este ayuno Daniel vio una visión de un varón (Dn 10.5). ¿Cómo lo describe?

Compare la descripción que da Daniel con la descripción de Jesús en Apocalipsis 1.12-16.

¿Cómo reaccionó Daniel a esta visión? (Dn 10.5-6). ¿Cómo es esto similar a otros que se hallaron en la presencia de Dios? (Véanse Is 6.1-5; Lc 5.8.)

Al parecer, Daniel 10.10 presenta un personaje adicional en la visión. ¿A qué se debe su presencia?

¿Qué dificultad encontró el mensajero angélico para llegar a Daniel? (Dn 10.13)

¿Quién impidió que Miguel llegara a Daniel? (v. 13)

¿Qué nos dicen los versículos 12 y 13 respecto al conflicto espiritual en el campo invisible?

¿Cómo explican estos dos pasajes de las Escrituras el porqué, en ciertos casos, hay demoras en la respuesta a nuestras oraciones?

Una vez que comprendemos la realidad del conflicto espiritual en las regiones invisibles, ¿cuál debe ser nuestro papel como intercesores y guerreros de oración al asociarnos con el Espíritu Santo para ganar victorias para Jesucristo?

¿Qué papel ocupa la oración perseverante en el conflicto espiritual?

SONDEO A PROFUNDIDAD

Daniel 10.13 provee «uno de los ejemplos más claros en el AT de que ejércitos de demonios se oponen a los propósitos de Dios, que las luchas terrenales a veces reflejan las que tienen lugar en los cielos, y que el ayuno y la oración pueden influir en su resultado. **El príncipe... de Persia** sería la cabeza de las fuerzas espirituales que comandarían a la pecadora Persia, especialmente en sus relaciones con el pueblo de Dios. **Miguel** es un antiguo ángel. No se explica la exacta naturaleza del conflicto ni el porqué el mensajero no pudo derrotar al príncipe».[1]

Parecería que el mundo demoníaco es sumamente activo en los asuntos de las naciones y cuestiones nacionales. El conflicto es *en* el campo espiritual, sin embargo se *expresa a través* de los campos político, militar y otros.

¿Cómo debería una comprensión espiritualmente clara de este hecho afectar nuestras oraciones por los líderes gubernamentales? (Véanse Dn 10.20-21 y 1 Ti 2.1-4 antes de contestar.)

FE VIVA

Hay un constante conflicto en el mundo espiritual en cuanto al control de las vidas de las personas. ¿Cómo indican los siguientes versículos que podemos atar las obras y poderes del enemigos y librar la batalla del lado de Dios?

Mateo 16.19

2 Corintios 10.4

Efesios 6.12

¿Cuál es nuestra responsabilidad como intercesores y guerreros de oración al ejercer esta autoridad del Reino?

¿Qué puede ocurrir si no asumimos nuestro papel como intercesores?

PROFECÍAS CONCERNIENTES A PERSIA Y GRECIA
DANIEL 11.2-35

Al parecer, Daniel 11 profetiza la aflicción de los judíos y el sufrimiento que soportarán en los siglos venideros. Continuarán en peligro durante toda la historia moderna y hasta el fin de la Gran Tribulación.

Desde el punto de vista del siglo veinte, toda la profecía en Daniel hasta 11.35 puede estar relacionada a acontecimientos bien conocidos de la historia antigua. Por ejemplo, los sueños que Daniel interpretó en los capítulos 2, 7 y 8 se superponen en significado y se relacionan a las características de los imperios mundiales de Babilonia, Media-Persia, Grecia y Roma.

Daniel 11.2-4 describe de nuevo el ascenso de Alejandro y la futura división de su imperio entre sus cuatro generales (Tolomeo, Seleuco I, Casandro y Lisímaco) después de su muerte a los treinta y tres años, en la flor de su vida. Daniel 11.5-20 predice la intriga y luchas entre Egipto y Siria exactamente hasta el tiempo de Antíoco Epífanes (c. 175-164 a.C.). Daniel 11.21-35 describe las abominables acciones de Antíoco y por último las del verdadero enemigo del pueblo de Dios, el anticristo.

LAS BLASFEMIAS Y CONQUISTAS DEL REY DEL NORTE
DANIEL 11.36-45

Los versículos que restan de Daniel 11 revelan rasgos del «tiempo determinado» (v. 35) y «al cabo del tiempo» (v. 40).

¿Qué nos sugiere que el anticristo se obsesionará con la fuerza militar? Compare esto con Ezequiel 38.8,9,11 y 16.

Feroz como será el anticristo, no prevalecerá contra el verdadero Cristo, el Ungido de Dios. ¿Cómo será su fin a la larga? (Véase Ap 19.11-21.)

PROFECÍA SOBRE EL TIEMPO DEL FIN
DANIEL 12.1-13

Tan severos, sin embargo, serán los días agonizantes de la ira de Dios, como se predice en Daniel 9.27 y revelada adicionalmente en Apocalipsis 16, que excepto por la obra de freno del arcángel Miguel (Dn 12.1), el ángel guardián de Israel, la raza humana enfrentaría la aniquilación (Mt 24.22).

¿Cómo luchan Miguel y sus ángeles contra Satanás y sus ángeles? (Véase Ap 12.7-9.)

Daniel distingue dos fases de una resurrección futura de los muertos (Dn 12.2). Algunos resucitarán para vida eterna y otros a vergüenza y confusión perpetua. Lo más probable es que la primera se refiera a la resurrección en «los postreros días» del remanente de los mártires judíos (Ap 6.9; Mt 10.22-23), que precede al juicio ante el gran trono blanco después del milenio.

¿Cómo se separan estos acontecimientos en Apocalipsis 20.4-6?

¿Qué dice Daniel para referirse a estos mártires fieles? (Dn 12.3)

A Daniel se le ordena que oculte y cierre el libro hasta «el tiempo del fin» (Dn 12.4,9). Cuando llegue el tiempo del fin, la Iglesia tendrá una perspectiva histórica mayor para comprender la

profecía. Según la opinión de muchos, desde que Israel recuperó
el control de su territorio (1948) y la ciudad de Jerusalén (1967),
tenemos una perspectiva mucho más clara de la profecía debido a
que el tiempo del fin está significativamente más cerca que antes.

FE VIVA

A través de toda la historia de la Iglesia, muchos cristianos se han dejado consumir por las realidades futuras que
han descuidado sus responsabilidades presentes. Por ejemplo, durante el siglo primero d.C. los creyentes en Tesalónica
oyeron que Cristo ya había venido y establecido su Reino
sobre la tierra (2 Ts 2.2). Algunos usaron estas noticias para
excusarse de trabajar y darse al chisme (2 Ts 3.11-12). Después de lanzar un reto a su respuesta a este mensaje infun-
dado (vv. 14-15), el apóstol Pablo enmendó su teología,
recordándoles lo que les había enseñado acerca de los postreros días (2 Ts 2.3-12).

¿Cómo está ordenando sus prioridades hasta el tiempo
del fin?

Con la perspectiva de que estas terribles aflicciones y
circunstancias desafiantes acercan «el tiempo del fin», ¿cómo
debe responder el sabio y el justo? (2 Ts 1.10)

Lección 7 / Las cartas a las siete iglesias
Apocalipsis 1.1—3.22

¿Qué ocurrirá en los años finales de la historia mundial?

Dios es el único que tiene una respuesta para tal pregunta. La humanidad puede conocer lo que le aguarda en el futuro sólo si Dios decide revelar o «quitar el velo» de las respuestas.

El libro de Apocalipsis es este «quitar el velo» de sabiduría sobrenatural y destino. Es típicamente apocalíptico (griego: *apokalupsis*, significando «develamiento» o «quitar el velo») en forma, conteniendo mucha descripción figurada, con una abundancia de simbolismo y profecías respecto al futuro. Lo que el libro de Daniel es al Antiguo Testamento, Apocalipsis lo es al Nuevo Testamento.

INFORMACIÓN ADICIONAL

Lea todo el libro de Apocalipsis de una sola sentada. Sólo lleva una hora. No trate de analizar cada detalle la primera vez, sino de comprender el flujo general del pensamiento. Léalo de nuevo, marcando sus divisiones principales. Trate de entender su mensaje, no cada señal y símbolo: Su consideración principal no debe ser *¿Quién?*, ni *¿Cuándo?*, sino *¿Cuál es el concepto básico?*

Lea sobre Apocalipsis en un diccionario de la Biblia o enciclopedia. Lea los artículos respecto a las siete iglesias de Apocalipsis 2 y 3. Los artículos le ayudarán a comprender la cultura en la cual vivían las iglesias y le permitirán compararla a la cultura e iglesias de hoy.

LA REVELACIÓN DE JESUCRISTO
APOCALIPSIS 1.1-3

Desde el principio de este libro (Ap 1.1) notamos que esta revelación es del mismo Jesucristo. Es un develamiento de sus planes (Ap 1.19) para su creación, su Iglesia y la comunidad de su pueblo en «un nuevo cielo y una nueva tierra» (Ap 21.1)

¿Cuál es la fuente y el propósito que se indican para el libro? (Ap 1.1-2)

¿Quién es el autor, el que relata la revelación? (v. 1)

INFORMACIÓN ADICIONAL

Note esta información sobre los antecedentes de Apocalipsis:

«**Autor:** Cuatro veces el autor se refiere a sí mismo como Juan (1.1,4,9; 22.8). Era tan conocido y su autoridad espiritual estaba tan bien establecida entre sus lectores que no necesitó citar sus credenciales. Desde muy temprano en la historia de la Iglesia se atribuye unánimemente este libro al apóstol Juan.

»**Trasfondo y fecha**: La evidencia interna demuestra que el Apocalipsis fue escrito en una época de extrema persecución contra los cristianos, la cual posiblemente fue iniciada por Nerón, tras el gran incendio que casi destruye a Roma en julio del año 64 d.C., y continuó hasta su suicidio en el 68 d.C. Según este punto de vista, el libro habría sido escrito antes de la destrucción de Jerusalén en septiembre del año 70 d.C., y es una auténtica profecía sobre los continuos sufrimientos y persecución de los cristianos, que se haría más intensa y severa en los años por venir. Sobre la base de afirmaciones dispersas de los padres de la Iglesia, algunos comentaristas fechan el libro en la etapa final del reinado de Domiciano (81-96 d.C.), tras la fuga de Juan a Éfeso».[1]

FE VIVA

Este libro de las Escrituras es único porque contiene una promesa de bendición para sus lectores: «Bienaventurado el que *lee*, y los que *oyen* las palabras de esta profecía, y guardan las cosas en ella escritas; porque el tiempo está cerca» (Ap 1.3, énfasis añadido).

La palabra griega *makarios* se traduce como «bienaventurado». Esta palabra se halla siete veces en Apocalipsis (1.3; 14.13; 16.15; 19.9; 20.6; 22.7,14). Es la palabra familiar usada por nuestro Señor en las bienaventuranzas de Mateo 5 y Lucas 6, donde indica, no sólo las personas bienaventuradas, sino también la naturaleza de lo que es el mayor bien.

El Señor expresa que los que *leen*, *oyen* y *guardan* las palabras de esta profecía son «felices, satisfechos y gozosos». Tienen esa satisfacción interna porque Dios mora en ellos, no necesariamente debido a circunstancias favorables. La bendición de Dios puede traer paz en medio del conflicto y las tormentas de la vida.

El reino de Dios está «en» y entre nosotros. Ojalá su Reino rija en nuestras vidas y la esperanza del cielo en nuestros espíritus atraiga a otros al Reino, «porque el tiempo está cerca».

EL MENSAJE FINAL DE DIOS
APOCALIPSIS 1.4-11

La revelación fue dirigida (v. 4) y enviada (v. 11) a las siete iglesias de Asia Menor (ahora la nación de Turquía) que se mencionan en los capítulos dos y tres. En este prólogo, el apóstol saluda (vv. 4-8) y luego indica las circunstancias que rodearon su visión en Patmos.

Trace los pasos de la trasmisión de la revelación de Dios hasta nosotros, usando los versículos 1, 2, 4, 10 y 11.

El libro está lleno de doxologías de alabanza a Dios y a su Hijo Jesús, nuestro Señor. Los versículos 5 y 6 exaltan al Señor Jesucristo por quien es y lo que ha hecho. Bosqueje cada una de estas cosas a continuación:

Quién es Él:

Qué ha hecho Él:

RIQUEZA LITERARIA

Testigo, *martus*; Strong # 3144: Compare «mártir» y «martirio». Uno que testifica de la verdad que ha experimentado, un testigo, uno que tiene conocimiento de un hecho y puede dar información concerniente a él. Este vocablo en sí mismo no implica muerte, pero muchos de los testigos del siglo I dieron sus vidas, con el resultado de que la palabra vino a significar mártir, uno que testifica de Cristo por medio de su muerte (Hch 22.20; Ap 2.13; 17.6).[2]

SONDEO A PROFUNDIDAD

«La adoración y el Reino. En las primeras líneas de Apocalipsis, Juan se presenta a sí mismo como un hermano y compañero en la lucha que todos enfrentamos (v. 9). Sus palabras "en el reino y en la paciencia de Jesucristo" apuntan a la doble realidad del presente triunfo del reino de Cristo, y a la continua presencia del mal, lo cual exige a la Iglesia luchar pacientemente para que el reino avance entre y a través de nosotros. Al presentar el amplio panorama de profecías a punto de ser proclamadas, Juan aborda dos verdades *actuales* muy importantes: (1) Nosotros, los redimidos por Cristo, somos amados y hemos sido lavados de nuestros pecados; un estado presente (v. 5). (2) Nosotros, a través de su glorioso dominio, hemos sido designados "reyes y sacerdotes" para Dios: un llamado también presente. Y así, estos dos oficios dan una perspectiva sobre nuestra autoridad y deber y cómo podemos hacer avanzar, lo más eficazmente posible, el reino de Dios.

»Primero, se dice de nosotros que somos reyes, en el sentido de que bajo el Rey de reyes integramos la nueva generación: los renacidos, en quienes Dios ha delegado autoridad para extender y administrar los poderes de su reino. Desde luego, esto implica testimoniar fielmente del evangelio, en el poder del Espíritu y en servicio de amor a la humanidad en el amor de Dios. Pero ello supone también enfrentar los oscuros poderes del infierno, perseverar en la oración, y mantenerse expectante ante las obras milagrosa de Dios (2 Co 10.3-5; Ef 6.10-20; 1 Co 2.4). Sin embargo, esta autoridad se ejerce plenamente al adorar con espíritu de alabanza, cuando ejercemos el oficio de "sacerdotes". Algunas traducciones dicen "un reino de sacerdotes", lo cual hace énfasis en el hecho de que el gobierno es eficaz únicamente cuando se cumple fielmente la misión sacerdotal. La adoración es fundamental para el avance del reino. El poder del creyente delante del trono de Dios, adorando al Cordero y exaltándolo en el Espíritu Santo con alabanza, confunde poderosamente al adversario. Véanse Éxodo 19.5-7; Salmo 22.3; 93.2; 1 Pedro 2.9».[3]

Apocalipsis 1.7 dice que cuando Jesucristo vuelva en juicio en su Segunda Venida (véanse Zac 12.10; Mt 24.30) «todo ojo le verá». ¿Cómo será esto posible?

¿Cómo pudiera la tecnología moderna de las comunicaciones contribuir a esto?

«El Alfa y la Omega» son la primera y la última letras del alfabeto griego, como la «a y la z» en el castellano. Este término descriptivo indica que Él es el eterno Señor de todo (Is 44.6), el principio y el fin de todas las cosas (Ap 1.17). Dios comenzó y le pondrá punto final cuando Él esté listo.

ENTRE BASTIDORES

«Juan está en el exilio de Patmos, una pequeña isla de 16 por 9 km, localizada a 96 km al sudoeste de Éfeso, en el mar Egeo. Volcánica y casi despoblada, los romanos la usaban como colonia penal, forzando a los prisioneros a trabajar en las canteras de granito. El destierro de Juan se debió a su fiel testimonio del evangelio».[4]

¿Qué clase de tribulación/persecución enfrenta? Ninguno de nosotros se escapa de ella. Juan se identificó con nosotros (Ap 1.9) como nuestro «hermano, y copartícipe[...] en la tribulación». Aun cuando estaba en una isla desierta y en circunstancias terribles, Dios lo usó de una forma singular. ¿Cómo nos puede alentar eso?

Apocalipsis 1.10 «es la más temprana referencia en la literatura cristiana al primer día de la semana como *el día del Señor*».[5] Es evidente que este llegó a ser el día de la semana que los primeros cristianos observaban como su día de descanso y adoración. (Véanse Hch 20.7; 1 Co 16.2.) Debe notarse que en el Nuevo Testamento ni se ordena ni se condena el cumplimiento del *sabat* judío. (Véanse Hch 15.1,24; Ro 14.5-6).

EL CRISTO RESUCITADO
APOCALIPSIS 1.12-20

Muchos creyentes piensan sólo en el Jesús sufriente colgando de la cruz. Pero Juan vio al Hijo del Hombre como un ser asombroso (véase Ap 1.13-16) y cayó a sus pies, como si estuviera muerto (Ap 1.17). Si nosotros vislumbráramos en realidad la majestad, la santidad y el poder de Cristo, tal vez también caeríamos postrados adorándole «en espíritu y en verdad». ¡A lo mejor el brillo de su gloria revelaría áreas y aspectos de nuestras vidas por las cuales necesitamos un rápido y genuino arrepentimiento!

El Señor Jesús vino del cielo a la tierra para redimir a la humanidad. Voluntariamente dejó su gloria real detrás para convertirse en un siervo de todas las criaturas de la tierra (Flp 2.6-11). Pero ahora, después que resucitó de la tumba, volvió al cielo y a la gloria que preparó para nosotros. En Apocalipsis 1.13-16, Juan nos hace partícipes de su vislumbre de gloria divina.

Apocalipsis 1.19 presenta un bosquejo simple del libro: (1) «las cosas que has visto» (aquellas que Juan acababa de contemplar en su encuentro inicial con el Señor glorificado); (2) «las que son» (Ap 2 y 3, relacionadas a las iglesias existentes en la provincia romana de Asia, que representaban las iglesias en toda la era de la Iglesia);

y (3) «las que han de ser después de estas», hablando de las cosas que vendrán después de ese tiempo.

Apocalipsis 1.20 continúa el simbolismo que se usa en el libro. Se identifica y explica a siete estrellas y siete candeleros: «Las siete estrellas son los ángeles de las siete iglesias, y los siete candeleros que has visto, son las siete iglesias».

¿Quiénes son los ángeles de las siete iglesias? (Ap 1.20). ¿Son guardianes sobrenaturales o líderes humanos de las iglesias locales?

¿En qué lugar de prominencia y protección tenía el Hijo del Hombre las siete estrellas? (Ap 1.16)

¿Qué representan «los siete candeleros de oro»? (Ap 1.20)

 INFORMACIÓN ADICIONAL

La Versión *Reina Valera* traduce a menudo la palabra *lucnos o lucnia* como «candelero». Sin embargo, la traducción literal es «lámpara». La diferencia es significativa: una vela en un candelero arde y se consume; la lámpara contiene aceite y una mecha y puede continuar ardiendo y dando luz si se vuelve a llenar de aceite y a cortar debidamente su mecha.

¿Qué nos dice esto respecto a la renovación espiritual y vida santa en la iglesia local?

Es interesante que los candeleros no se describen físicamente unidos, como en la menora judía de siete brazos. Más bien se relacionan porque tienen el mismo Dueño. ¿Cómo se vincula esto a la unidad espiritual en el cuerpo de Cristo?

Si la forma y diseño de los candeleros no es importante, ¿qué nos dice esto respecto a la diversidad de formas de adoración y estilos de culto?

En el mensaje a la iglesia en Éfeso, Jesús dijo que Él «anda en medio de los siete candeleros de oro» (2.1). Esto parece sugerir una **preocupación íntima** e **intenso cuidado** por las asambleas locales de creyentes. Él es el que llena (o rellena) el aceite, corta las mechas (e incluso las reemplaza). ¿Qué pudiera sugerir eso acerca de la renovación espiritual y liderazgo en una iglesia local?

¿Necesita usted más «aceite en su lámpara?» ¿Necesita que su mecha sea recortada? ¿Está «quemado»?

DE UN VISTAZO

LAS SIETE IGLESIAS DEL APOCALIPSIS (1.20)[6]				
	Elogio	**Crítica**	**Instrucción**	**Promesa**
Éfeso (2.1-7)	Rechaza el mal, persevera, es paciente	Su amor por Cristo no es ya ferviente	Obra como lo hacías al principio	El árbol de la vida
Esmirna (2.8-11)	No temas padecer	Ninguna	Sé fiel hasta la muerte	La corona de vida
Pérgamo (2.12-17)	Mantén la fe de Cristo	Tolera las inmoralidades, la idolatría y las herejías	Arrepiéntete	El maná escondido y una piedrecita con un nombre nuevo
Tiatira (2.18-29)	Su amor, su fe, su paciencia, es mayor que antes	Tolera la idolatría y la inmoralidad	El juicio se acerca; perseveren en la fe	Regirá sobre las naciones y recibirá la estrella de la mañana
Sardis (3.1-6)	Algunos han mantenido la fe	Una iglesia muerta	Arrepiéntete y fortalece lo que queda	Los fieles honrados y vestidos de blanco
Filadelfia (3.7-13)	Persevera en la fe	Ninguna	Mantén la fe	Un lugar en la presencia de Dios, un nuevo nombre y la nueva Jerusalén
Laodicea (3.14-22)	Ninguno	Indiferente	Sé celoso y arrepiéntete	Compartir el trono de Cristo

Estas cartas muestran lo que diferentes grupos de creyentes harán en tiempos de persecución. Las iglesias eran congregaciones específicas en el día de Juan, pero también son representativas de similares tipos de iglesias, independientemente del tiempo o del lugar.

En estas epístolas el Señor resucitado administra a su Iglesia. Cada carta incluye:

- una acusación o algo que condenar,
- un llamado o directiva, y
- una amenaza o una promesa.

Aun cuando eran *iglesias reales*, también parecen haber sido seleccionadas como *iglesias parábolas* para darnos instrucción celestial sobre cómo aplicaríamos los principios a través de todas las generaciones de la Iglesia (Ap 2.7,11,17,29; 3.6,13,22).

ÉFESO: LA IGLESIA SIN AMOR
APOCALIPSIS 2.1-7

La iglesia en Éfeso era una de las congregaciones destacadas de Asia Menor. Quizás surgió como resultado del breve ministerio de Pablo allí, en su segundo viaje (Hch 18.18-21). La iglesia fue firmemente establecida durante la prolongada estancia de Pablo en Éfeso durante su tercer viaje (Hch 19.1-2,6,8-12,20). Su epístola a los Efesios es rica en verdad y doctrina, así como una guía para la vida cristiana práctica.

En Apocalipsis 2.2, ¿qué cuatro cosas dice el Señor que no pasaron inadvertidas?

Juan también observó que ellos habían practicado fielmente la disciplina en la iglesia al no soportar a los cristianos profesantes que persistían en practicar el pecado.

ESMIRNA: LA IGLESIA PERSEGUIDA
APOCALIPSIS 2.8-11

Otra iglesia destacada en Asia Menor estaba ubicada en la ciudad de Esmirna, alrededor de sesenta kilómetros de Éfeso. De las siete ciudades mencionadas en Apocalipsis 2 y 3, esta es la única que existe hoy; es la moderna población turca de Izmir. En el siglo primero era un floreciente puerto marítimo, lugar de cultura avanzada para ese tiempo. En el año 23 d.C. se ganó el privilegio de parte del senado romano de construir el primer templo en honor al emperador romano Tiberio. Eso fijó el escenario para la práctica políticamente correcta de la adoración al emperador.

Cristo afirmó que estaba bien enterado de cuatro aspectos de su fiel tenacidad (Ap 2.9). Indíquelos:

Aunque judíos incrédulos y hostiles los perseguían, ¿quién era la verdadera fuente de sus problemas? (v. 9b)

FE VIVA

¿Quién puede negar que nosotros, como cristianos, tenemos problemas, presiones o «tribulaciones»? La palabra de Apocalipsis 1.9 que se traduce «tribulación» (griego: *dlipsis*) también se usaba en el griego clásico para describir la manera en que los romanos torturaban a alguien aplicándole presión de grandes piedras sobre el pecho del criminal. Esta enorme presión tenía el efecto de moler lentamente al individuo hasta matarlo.

¿Tiene problemas que están «moliéndolo lentamente» hasta el punto en que piensa que ya no puede resistir más? Emocionalmente, ¿se siente solo o deprimido? Financieramente, ¿está tan atrasado que se desespera? Físicamente, ¿ha sufrido quebranto en su salud o recibido malos resultados de exámenes médicos? Espiritualmente, ¿está lleno de duda o culpa? Jesús dice que Él «conoce» todo en cuanto a nuestras aflicciones, nuestras profundas ansiedades, nuestros apremiantes problemas. ¡Él los conoce y le interesa! Sabe de nuestras presiones presentes y pruebas futuras también. ¡Su Palabra nos asegura la victoria final (Ro 8.31-39)!

Cristo profetizó de un tiempo de intensa persecución futura para los creyentes de Esmirna. Satanás, dice, en realidad entregaría a muchos de ellos a la cárcel. Frente a esta dura predicción, ¿qué se les dice que deben ser?

¿Qué les prometió Él a los que fueran fieles hasta la muerte? Compare esto con Santiago 1.12 y 1 Pedro 5.4.

El apóstol Pablo le dijo a Timoteo que «todos los que quieren vivir piadosamente en Cristo Jesús padecerán persecución» (2 Ti 3.12). Es más, es posible que haya en el futuro cercano un tiempo cuando será común que los cristianos sean de nuevo martirizados por sus creencias.

En su Evangelio, Juan dijo que algunos que perseguían a la Iglesia lo hacían debido a una extraña convicción. ¿Cuál era esta? (Véase Jn 16.2.)

¿Puede la muerte separarnos de Dios? (Véanse Ro 8.35-39; 2 Co 5.1-8.)

¿De qué dijo el Señor que sus seguidores no sufrirían daño? (Véase Ap 2.11 y compárese con Ap 20.6,14; 21.8 y Dn 12.2.)

PÉRGAMO: LA IGLESIA QUE SE ACOMODA
APOCALIPSIS 2.12-17

Alrededor de ciento cuatro kilómetros al norte de Esmirna se levanta la hermosa ciudad interior de Pérgamo. Era la ciudad más antigua de la provincia y capital del Asia romana. Se dice que su biblioteca contenía más de 200,000 volúmenes de rollos y pergaminos. Más tarde, Marco Antonio le regaló la biblioteca a Cleopatra.

Es obvio que Pérgamo era para los cristianos un lugar hostil y difícil para vivir: «Donde está el trono de Satanás». La fuerza opresora de los poderes diabólicos estaba en todas partes. La cultura de la comunidad se entregó tanto a los dioses paganos y a la adoración del emperador, que Antipas, evidentemente uno de los creyentes en Pérgamo, llegó a ser el primer cristiano en Asia que martirizaron por su fe.

¿Cómo respondieron los creyentes en estas situaciones difíciles? (Ap 2.13)

¿Qué sugiere el gran testimonio público que dio esta iglesia? (Ap 2.13)

A pesar de sus puntos fuertes, Cristo identificó dos serias faltas en las creencias y conducta de la iglesia (Ap 2.14). Sus acusaciones rodean el hecho de que llegaron a tener una mente en extremo amplia respecto a «la senda estrecha». Satanás sedujo a algunos y se sometieron a la enseñanza y práctica de los balaamitas y nicolaítas, a quienes Cristo dice que *aborrece* (Ap 2.6). Sus componendas espirituales hicieron un cortocircuito en su eficacia espiritual.

INFORMACIÓN ADICIONAL

En Números 25, Balac, rey de Moab, no pudo lograr que el anciano profeta Balaam maldijera a Israel directamente. Pero Balaam, al parecer por ganancia personal, engaña en efecto al pueblo de Dios y crea un plan por el cual las hijas de los moabitas seducirían a los israelitas y los harían pecar y sacrificar a su dios, Baal-peor, y a adorarle. El juicio de Dios cae sobre Israel debido a la fornicación y a la idolatría. (Véanse además Nm 31.16; 2 P 2.15; Jud 11.)

Otra mortal doctrina condenada por Cristo es la de los nicolaítas. Esta secta radical de herejes hedonistas seguían una forma extrema del gnosticismo desenfrenado durante todo el siglo primero. «Los seguidores de esta mortal doctrina aducían que, puesto que sus cuerpos eran físicos (y por lo tanto malos), sólo lo que hacían sus espíritus era lo importante. De modo que se sentían libres para darse a la indulgencia en relaciones sexuales indiscriminadas, para comer alimentos ofrecidos a los ídolos y a hacer con sus cuerpos cualquier cosa que se les antojara».[7]

Cristo claramente llamó a esta iglesia del acomodo a que «se arrepintiera o si no...» (Ap 2.16). El término significa cambiar de opinión o de manera de pensar (y, por tanto, ¡de manera de vivir!). Dios no quiere que su pueblo sostenga actitudes liberales e indulgentes hacia la idolatría religiosa y promiscuidad sexual. La Palabra de Dios es clara al condenar estas conductas que deben evitarse en nuestras vidas y comunión. Si no es así, Dios hará lo que sea necesario para purgar el mal de su Iglesia (Heb 12.6).

¿Cómo podemos evitar ser «de mente estrecha» y, aun así, no tolerar el pecado?

Pablo les dijo a los cristianos en Tesalónica (1 Ts 4.1-8) que la voluntad de Dios para nuestras vidas involucra al menos tres cosas relacionadas con nuestro cuerpo. ¿Cuáles son?

1.

2.

3.

Pablo les dijo a los cristianos romanos que debían evitar ciertos planes premeditados (Ro 13.14). ¿A qué se refiere?

Para rehuir la componenda y sobreponerse a la tentación a pecar se necesita cierto discernimiento espiritual. Esto surge en los cristianos maduros que se alimentan de la carne de la Palabra y no sólo de la leche. Sus sentidos espirituales pueden discriminar entre la doctrina sana y errada, y entre la conducta correcta y la equivocada. (Véase Heb 5.12-14.)

TIATIRA: LA IGLESIA CORRUPTA
APOCALIPSIS 2.18-29

Tiatira estaba como a cincuenta kilómetros al sudeste de Pérgamo. Alejandro Magno la fundo casi 400 años antes. Lidia, la primera convertida de Pablo en Europa, procedía de esta ciudad (Hch 16.14). Era una mujer de negocios que vendía la popular tela de púrpura que se hacía en Tiatira.

La iglesia de esa ciudad estaba en serios problemas, causados por las demandas de muchos gremios de comerciantes (tales como los curtidores, alfareros, tejedores, tintoreros y fabricantes de ropas). Estas asociaciones fraternales con frecuencia auspiciaban fiestas ceremoniales en las que se servían alimentos «sacrificados» a alguna deidad pagana, quizás al dios patrón del gremio. Es más, la conducta inmoral que a menudo caracterizaba tales ocasiones hacía imposible que los cristianos verdaderos participaran en esas agrupaciones o sus actividades.

¿Qué paralelo puede haber entre estos gremios antiguos y los sindicatos y organizaciones fraternales de trabajadores de los tiempos modernos?

¿Qué conducta inmoral o en apariencia religiosa (no cristiana) acompaña tales reuniones o actividades seculares, si hay alguna?

Aun cuando asuntos como comer alimentos sacrificados a los ídolos difícilmente nos preocuparía en la sociedad occidental, el principio es importante y relevante como siempre: ¿Tomamos nuestras normas de valores morales contemporáneos o de la Palabra inmutable de Dios?

Toda la carta a la iglesia en Tiatira es sobre la vida cristiana y el testimonio en una sociedad permisiva. ¿Qué clase de asuntos similares ve usted en su ciudad y su sociedad?

¿Cuáles son algunas de sus convicciones personales que, como buena política, predeterminan cómo va a responder cuando enfrente de súbito cuestiones morales?

FE VIVA

Considere los siguientes principios y preguntas para ayudarle a desarrollar sus convicciones personales. Aplique objetivamente *todas* las siguientes «pautas para áreas grises» a alguna cuestión dada antes de decidir si el asunto en cuestión está bien o mal para usted.

1. **Provecho** (1 Co 6.12). Pregúntese: «¿Es bueno para mí?» «¿Añadirá esto una mejor calidad a mi vida?»
2. **Control** (1 Co 6.12). Pregúntese: «¿Me controlará eso, o disminuirá el control de Cristo sobre mí?»
3. **Propiedad** (1 Co 6.19,20). Considere las preguntas: «Como propiedad de Dios, ¿puedo justificar esta actividad? ¿Es esta actividad apropiada para un embajador de Jesucristo?»
4. **Influencia** (1 Co 8.9,12-13). Considere: «¿Podría esta acción influir negativamente a algunos de mis amigos o hacerles tropezar?»
5. **Testimonio** (Col 4.5). Ahora considere: «¿Cómo se afectará mi testimonio si participo en esta actividad?»
6. **Acción de gracias** (Col 3.7). Reflexione en esta pregunta: «Cuando llego a casa después de esta actividad, ¿puedo darle gracias a Dios con una conciencia limpia?»
7. **Amor** (Ro 14.13-15). Finalmente, pregúntese: «¿Estoy dispuesto a limitar mis libertades en consideración a mi amor por otra persona?»[8]

Cristo ofreció a los santos su elogio quíntuple (Ap 2.19). ¿Qué cosas positivas destacó?

¿Cuál fue la principal objeción que Dios hizo a esta congregación?

¿Cuál fue el castigo proyectado para la profetiza contemporánea Jezabel y sus seguidores?

¿Cómo serviría su castigo de ejemplo para otras iglesias?

Después de advertir a los descarriados, ¿cómo estimula Cristo a los santos?

SARDIS: LA IGLESIA MUERTA
APOCALIPSIS 3.1-6

Alrededor de cuarenta y ocho kilómetros al sudeste de Tiatira y ochenta kilómetros al este de Esmirna, estaba Sardis, una ciudad de renombre por su proceso de teñido e industrias de lana.

En esta serie de cartas, el modelo de Cristo ha sido ofrecer un elogio a la congregación antes de señalar lo que condena en la misma. Sin embargo, en esta carta a la iglesia en Sardis no hay ningún elogio. En lugar de eso, la evaluación severa es inmediata. El problema no era sensualidad, sino espiritualidad. Aquí estaba una congregación espiritualmente débil viviendo en los laureles del pasado. Su servicio espiritual a Cristo era de los días de antaño. Ahora no eran nada. Tenía una historia y se solazaba en su reputación, pero la mayor parte de la congregación actual tenía un pie en la tumba (Ap 3.1,4). Sin duda cantaban himnos, oraban, ofrendaban, enseñaban y hablaban juntos, sin embargo, se les declara «muertos».

La situación era crítica, pero no estaba del todo perdida. Si rápidamente se daban pasos decisivos, algunas personas y alguna parte del ministerio de la iglesia podían salvarse. ¿Cuáles cinco cosas les ordena Cristo a hacer? (Ap 3.2-3)

1.

2.

3.

4.

5.

¿Qué advertencia les dio Cristo concerniente al fracaso que tuvieron en cumplir sus instrucciones? (Ap 3.3b)

Los que demostraran sinceridad espiritual serían recompensados por la comunión diaria de Cristo («andarán conmigo») y la consiguiente pureza («en vestiduras blancas»; Ap 3.4). ¿Cuáles tres cosas se le prometen al que venciere? (Ap 3.5)

1.

2.

3.

¿Qué advertencias puede usted obtener de esta carta respecto a la senilidad espiritual?

La rigidez sugiere algo que está muerto. Las cosas vivas son dóciles. ¿Qué maneras de pensar o de vivir tal vez Dios le está llamando a cambiar para conformarse a Cristo?

FILADELFIA: LA IGLESIA FIEL
APOCALIPSIS 3.7-13

El nombre «filadelfia» significa «amor fraternal», y la palabra se usa (en formas ligeramente diferentes) otras siete veces en el Nuevo Testamento para referirse a este hermoso atributo cristiano. Dos ejemplos destacados son:

Amaos los unos a los otros con amor fraternal; en cuanto a honra, prefiriéndoos los unos a los otros (Ro 12.10).

Permanezca el amor fraternal (Heb 13.1).

Nada se sabe respecto al origen de la iglesia en Filadelfia. La ciudad en sí misma la construyó el rey de Pérgamo en honor a su hermano. Su ubicación junto a una carretera principal que conectaba varias ciudades clave de aquella región ayudó a establecer a Filadelfia como una ciudad fortificada. La rica región agrícola circundante, junto con las industria textil y de pieles, la hicieron bien poblada y próspera.

La carta hace referencia a «una puerta abierta» (Ap 3.8) que está puesta ante la gente por la autoridad del mismo Cristo Jesús. Dos interpretaciones son posibles para esta «puerta abierta». Primero, quizás sea la puerta del Reino eterno. No sólo que Jesús puede abrir la puerta de esa oportunidad, sino que Él *es* la Puerta (Jn 10.7,9).

Compare «la llave de la casa de David» con «las llaves del reino» y «las llaves de la muerte y del Hades»:

Isaías 22.22

Mateo 16.19

Apocalipsis 1.18

Segundo, puede ser la «puerta» del testimonio, servicio y oportunidad de evangelización. A Filadelfia se la describía como «la entrada al Oriente». El rey Átalo II, fundador de la ciudad, planeó que fuera un centro desde el cual la cultura griega pudiera propagarse. Este detalle quizás explique el simbolismo aquí. Pablo usó el término de esta manera en 1 Corintios 16.9 y 2 Corintios 2.12.

Apocalipsis 3.8 dice que la iglesia tiene «poca fuerza». Cuando somos débiles, debemos depender del Señor. La tentación será negar, distorsionar o diluir la Palabra de Dios para acomodar nuestra debilidad y vulnerabilidad. Pero Jesús dijo que habían mostrado fidelidad bíblica y que habían «guardado mi palabra, y no han negado mi nombre».

SONDEO A PROFUNDIDAD

Apocalipsis 3.10 promete que Cristo guardará a los creyentes «en la hora de la prueba», una promesa cuya referencia específica han debatido eruditos y teólogos cristianos sinceros. En cuanto al tiempo del Rapto de la Iglesia, ¿significa esta promesa que los creyentes *escaparán de* las «pruebas» del período de la tribulación, o que *atravesarán* por medio de ellas? ¿O se refiere la «hora de la prueba» a aquello que iba a sobrevenir sólo a la iglesia de Filadelfia?

La frase griega «guardar de» (*tereo ek*) se usa otra vez sólo en Juan 17.15, donde Cristo oraba que el Padre «guardara» a los creyentes de Satanás.

¿Quiere decir preservarlo del ataque del maligno o preservarlos mientras *atraviesan* tal ataque? Explique su respuesta.

¿Qué tal en cuanto al resto del versículo 10? ¿Se aplica esta promesa a todo el período de siete años (la septuagésima semana de Daniel) o a los últimos tres años y medio (la «gran tribulación»), cuando la «hora de la tentación» venga al «mundo entero»? Explique su selección.

La única advertencia o instrucción que Dios le da a la congregación en Filadelfia fue: «Retén lo que tienes, para que ninguno tome tu corona» (Ap 3.11). Dios nos ha dotado a cada uno con diferentes habilidades, capacidades y talentos (1 P 4.10-11). Como los hombres en la parábola de los talentos, necesitamos usar lo que tenemos o de otra manera se nos quitará y dará a otro. Use para Dios las oportunidades («puertas abiertas») que tiene. Él le elogiará y le recompensará.

LAODICEA: LA IGLESIA TIBIA
APOCALIPSIS 3.14-22

La ciudad de Laodicea, setenta y dos kilómetros al sudeste de Filadelfia, era una ciudad fortificada y le dio nombre Antíoco II, el rey griego de Siria, quien la construyó a mediados del siglo tercero a.C., en honor a su esposa, la reina Laodicea.

Situada en una región volcánica, la ciudad fue destruida por un terremoto en el año 61 d.C. Fue reconstruida por los esfuerzos de sus ciudadanos ricos, sin la ayuda de Nerón, el César. Así, la comunidad entera tenía un sentido de orgullo y autosuficiencia.

En contraste con las cartas de nuestro Señor a las otras iglesias, en donde condicionó su crítica al elogiarlos primeramente, aquí en Laodicea no puede hallar nada bueno que decir. Es evidente que Él tenía más respeto por el feroz fanatismo ardiente o el formalismo helado y gélido que por la muerta y paralizante tibieza (Ap 3.17b). La congregación de la iglesia en Laodicea era tibia y satisfecha de sí misma.

Más patético aún, la congregación de Laodicea estaba ciega a su propio letargo espiritual. Medían su situación o condición espiritual por su riqueza material, pensando que «lo habían logrado». «Porque tú dices: Yo soy rico, y me he enriquecido, y de ninguna cosa tengo necesidad; y no sabes que tú eres un desventurado, miserable, pobre, ciego y desnudo» (Ap 3.17). Cualquiera que haya sido su riqueza relativa, no era rica para con Dios.

Confiaban en las señales del materialismo como indicadores de su espiritualidad. Lea la historia del rico en Lucas 12.13-21. ¿Por qué Dios le llama «necio»?

Quizás Dios le dio a algunas personas el don y la habilidad para enriquecerse. Lea 1 Timoteo 6.17-19 y mencione tres cosas que Pablo instruye a los ricos de este mundo a que hagan con su dinero:

1.

2.

3.

Laodicea era célebre por la preparación de un colirio especial que se decía ser muy eficaz en el tratamiento de varios desórdenes oftálmicos. Algunos de estos creyentes habían ayudado a otros a ver físicamente, pero estaban ciegos espirituales. No podían ver su pobreza espiritual ni que habían dejado a Cristo fuera de sus vidas.

La carta concluye describiendo una puerta cerrada de oportunidad espiritual. ¿Ha habido momentos en su vida en los cuales ha sentido indiferencia hacia Dios o su obra en el mundo?

¿Cuáles son las condiciones de la invitación de Cristo en el versículo 20?

¿Percibe algún aspecto en que tal vez ha dejado a Cristo fuera de su vida?

Si la respuesta a cualquiera de las preguntas anteriores fue «sí», Cristo le llama a ser celoso y a arrepentirse (Ap 3.19). Él ha prometido volver y tener comunión con todos los que le reciban.

 ## INFORMACIÓN ADICIONAL: Ap 3.20

Este pasaje familiar e imagen de Cristo parado fuera de una puerta cerrada y aguardando la invitación para entrar no es tanto una apelación a los pecadores, como para los santos autosatisfechos que no le han permitido a Cristo el control soberano en sus vidas. La carta anterior se refirió a una puerta abierta de oportunidad (Ap 3.8); ahora esta carta muestra una puerta cerrada de espiritualidad. Pero el Salvador espera que lo inviten a entrar. Los que le reciben disfrutarán una vez más de su presencia, su poder y su propósito.

En cada una de sus cartas a las siete iglesias, el Señor explícitamente exhorta a los creyentes a vencer. ¿Qué les promete a los que venzan las tentaciones y pruebas de este mundo? (Ap 3.21)

¿En qué se diferencia esto a la posición que tenemos con Él ahora «que nos hizo sentar en los lugares celestiales»? (Véase Ef 2.6-7.)

Lección 8 / Los siete sellos
Apocalipsis 4.1—8.1

En esta sección estudiamos la tercera y cuarta divisiones del Apocalipsis de Juan: los cánticos de preparación y los *sellos* de juicio. Apocalipsis 4 y 5 describe los asombrosos sucesos que el apóstol vio concerniente a «las cosas que sucederán después de estas» en la historia humana antes de los juicios establecidos para librar al planeta del control del diablo. El corazón de Juan se preparó para los cuadros de juicios aterradores viendo primero una visión de la gloria y del triunfo de Dios. Es importante percibir un principio aquí: la adoración precede a cada juicio.

 RIQUEZA LITERARIA

Adoran, *proskuneo*; Strong #4352: De *pros*, «hacia», y *kuneo*, «besar». Postrarse, inclinarse, homenajear, mostrar reverencia, adorar. En el NT la palabra especialmente denota homenaje rendido a Dios y al Cristo que ascendió al cielo. Todos los creyentes rinden un culto unidimensional al único Señor y Salvador. Nosotros no adoramos ángeles, santuarios, reliquias ni personajes religiosos.[1]

Basado en su lectura de Apocalipsis 4 y 5, ¿piensa que Juan relató los sucesos en el orden cronológico en que ocurrirán sobre la tierra, o sólo según la secuencia en que los recibió?

¿Por qué importaría esto?

ENTRE BASTIDORES

Muchos de los que estudian la profecía opinan que el apóstol Juan seguía primordialmente un método conocido como *descripción discursiva* al tratar de comunicar su visión. Parece que relata el cuadro en general de lo que vio, saltando de un tema a otro, sin ninguna consideración especial en cuanto a ordenar su presentación por una simple secuencia de tiempo. Por ejemplo, los siete sellos parecen ser juicios superpuestos e integrados continuando a través de toda la historia humana.

EL TRONO EN EL CIELO
APOCALIPSIS 4.1-11

Este pasaje ofrece el más completo cuadro en la Biblia del trono de Dios. Otros vislumbres nos los dan Ezequiel 1, Isaías 6 y Salmos 18 y 82; pero aquí hay una escena que integra la majestad del Todopoderoso, la corte de sus querubines y ancianos y el León/Cordero Redentor.

¿Quién hace la invitación de «sube acá»? Compare Apocalipsis 4.1 con 1.10.

¿Qué nos dice esta sección respecto al trono de Dios?

¿Qué tenían en común los cuatro seres vivientes? (Ap 4.8)

¿Cómo se comparan con los querubines de Ezequiel 1 y 10?

¿Qué hacen estas criaturas en otras partes de Apocalipsis? (Véanse Ap 6.1-8; 15.7.)

¿Acerca de cuál de los atributos de Dios hablan y cantan? (Ap 6.8,11)

¿Quiénes son los «ancianos» de Apocalipsis 6.4,10 y 11, y qué representan? ¿Por qué son veinticuatro?

¿Qué pudiera sugerir la frase «que está sentado sobre el trono» (Ap 6.16) respecto a la obra de Dios?

SONDEO A PROFUNDIDAD

DIVERSAS INTERPRETACIONES DEL APOCALIPSIS

Muchos devotos cristianos se sorprenden al descubrir que otros creyentes igualmente consagrados ven las profecías del libro del Apocalipsis de modo diferente al de ellos. En realidad, el libro admite una amplia gama de interpretaciones, pero el común denominador de todo es el triunfo final de Jesucristo, quien hace culminar la historia con su venida final y quien reina con su Iglesia y a través de ella para siempre.

La interpretación más popular y ampliamente discutida es la que se denomina *Interpretación dispensacionalista*. Esta propone que en 4.1 se alude al Rapto o Arrebatamiento de la Iglesia, cuando los redimidos en Cristo son trasladados al cielo en la Segunda Venida de Cristo para recibirlo «en el aire» (1 Ts 4.17). Apocalipsis 6—18 se percibe como la gran tribulación (Mt 24.21), o la ira de Dios (1 Ts 5.9), de la cual los creyentes son librados (Ap 3.10). Esta interpretación ve en esta etapa al Israel nacional como el pueblo de Dios sobre la tierra (habiendo sido arrebatada la Iglesia); a Jerusalén restaurada, protegida por el sello *divino* (7.1-8), adorando en un templo reedificado (11.1-3), y sufriendo a manos del anticristo.

No tan ampliamente divulgado, pero al menos igualmente creído, es el punto de vista *Futurista moderado*. Esta escuela de interpretación propone que el libro del Apocalipsis resume el largo peregrinar de la Iglesia en el proceso de tribulación y triunfo, lucha y victoria, todo lo cual halla su consumación en el retorno de Cristo Jesús. Según esta línea de interpretación, generalmente se ve a la tribulación como algo que se prolonga en el tiempo, pero que aumenta en intensidad, y a la Iglesia como presente a través de gran parte de los disturbios en la tierra, hasta un poco antes del derramamiento de las copas «llenas de la ira de Dios» (15.7). Esto ocurre durante el capítulo 16 y culmina con el colapso del presente orden mundial (capítulos 17 y 18).

Entre otras opiniones están estas: 1) La posición *Histórica* ve al Apocalipsis como una profecía simbólica de toda la historia de la Iglesia, y los sucesos del libro como un cuadro de los acontecimientos y de los movimientos que le han dado forma al conflicto y al progreso de la iglesia cristiana. 2) El punto de vista *Preterista* ve al Apocalipsis como un mensaje de esperanza y consuelo dirigido a los creyentes del primer siglo solamente, a fin de ofrecerles una esperanza de liberación de la persecución y la opresión romanas. 3) La escuela *Idealista* no formula ningún enfoque histórico particular, ni se esfuerza por interpretar partes específicas del libro, sino que más bien lo ve como una representación amplia y poética del conflicto entre el Reino de Dios y los poderes de Satanás.[2]

Los que sostienen la interpretación Futurista de la profecía creen que el Arrebatamiento de la Iglesia será entre Apocalipsis 3 y 4, aun cuando el texto no informa este suceso. Argumentan a partir de la ausencia de la Iglesia en los detalles contextuales de Apocalipsis 4—18. Se sugiere que el hecho de que hay una trompeta que se toca y una invitación a Juan para «subir» es un tipo del Rapto de la Iglesia antes de la gran tribulación. Los Futuristas notan que la Iglesia reaparece en Apocalipsis 19, después de los juicios, donde se la ve en el cielo y se anuncia su boda con el Cordero (Ap 19.7-9).

Otros sistemas de interpretación sugieren puntos de vista alternos del tiempo del Rapto. Apocalipsis 6.17, 7.9-17, 11.11-14, 14.14-16 y 19.14 se estudiarán como posibles puntos de cumplimientos de esa promesa celestial.

EL CORDERO TOMA EL ROLLO
APOCALIPSIS 5.1-7

En este escenario Dios sostiene un libro o rollo en su diestra. Está sellado con siete sellos, lo que representa y revela juicios pendientes que probarán a los que viven sobre la tierra.

Algunos comparan este rollo sellado con las escrituras de una propiedad de bienes raíces a punto de redimirse por un pariente. Los juicios son lo que se requiere para expulsar al enemigo que se ha posesionado ilegalmente de ella.

Cuando Adán pecó, perdió su herencia de la tierra (Gn 1.26-28) y esta pasó de sus manos a estar en posesión de Satanás, dando como resultado que toda la descendencia de Adán quedó desheredada. El perdido título de propiedad ahora está en manos de Dios y en espera de la redención final por el «pariente redentor». (Véase Lv 25.23-28 y compárese con Jer 32.6-15).

Desde que el hombre perdió su señorío sobre la tierra bajo Dios (Sal 115.16), la tierra ha estado en poder de Satanás (1 Jn 5.19). ¿Qué nombres bíblicos dados a Satanás apoyan esto?

Juan 14.30

2 Corintios 4.4

¿Qué importancia tiene el libro que Dios sostiene en su mano derecha?

¿Por qué el anciano describe un «León» como digno de abrir el libro, pero fue un «Cordero» inmolado el que lo abrió?

¿Qué se sugiere con el hecho de que el Cordero fue inmolado, pero vive? (Véase Is 53 y Jn 1.29.)

Cuando Jesús toma el libro de la mano de su Padre («del que estaba sentado en el trono»), tiene el derecho de romper sus sellos y pedir la herencia y deshacerse del que hasta el presente la ocupa, Satanás. Este suceso es el cumplimiento de la visión de Daniel del «Anciano de días» en Daniel 7.9-14.

DIGNO ES EL CORDERO
APOCALIPSIS 5.8-14

Los cuatro seres vivientes y los veinticuatro ancianos son los primeros en adorar al Cordero. Les siguen en alabanza y adoración miríadas de ángeles y toda la humanidad redimida en el cielo. Finalmente, todo ser creado («que está en el cielo, y sobre la tierra, y debajo de la tierra, y en el mar, y todas las cosas que en ellos hay») se unen en el coro cósmico. Su gran tema, en respuesta a la pregunta anterior (Ap 5.2-3), es: «El Cordero que fue inmolado es digno».

¿Quiénes entonan un nuevo cántico de redención? (Véase Ap 8.8-10.)

¿Qué nos dice la visión de Juan respecto al cumplimiento de la Gran Comisión?

¿Cuáles cuatro atributos le adjudicaron al Cordero los seres creados?

1.

2.

3.

4.

¿Cuál era el propósito predeterminado de este coro cósmico? (Véase Flp 2.10-11.)

Toda cosa creada responde con honra, gloria y alabanza al Señor (Ap 5.13). La adoración es el medio de cumplir o dar cumplimiento al propósito de nuestra común creación.

El Cordero, investido con toda autoridad para ejecutar juicio, empieza ahora a abrir los primeros cuatro sellos con sus manos perforadas por los clavos. Lo que vemos intensificándose continuamente en esta serie de juicios en sellos es lo que nuestro Señor llama «principio de dolores» (Mt 24.8). Muchos piensan que este es el principio de la septuagésima semana de Daniel (Dn 9.27).

PRIMER SELLO: EL VENCEDOR
APOCALIPSIS 6.1-2

Cuando el Cordero rompió el primer sello, el primer ser viviente clamó con voz de trueno: «Ven y mira». El clamor no se dirige a Juan, sino a uno de los «cuatro jinetes del Apocalipsis» en su salida de juicio.

Haga una lista de los detalles importantes de este primer jinete:

Compare a este jinete con el que cabalga el caballo blanco en Apocalipsis 19.11-21.

ENTRE BASTIDORES

Los dispensacionalistas verían a este jinete, quien simbolizaba la conquista política, como el anticristo, quien vendrá imitando a Cristo y aduciendo ser Él. (Véanse Mt 24.4-5; Jn 5.43.)

Otros verían esto como una descripción del engaño por el cual muchos anticristos han intentado gobernar y engañar a través de toda la historia de la Iglesia (1 Jn 2.18). Comprenden que las Escrituras dicen que la Iglesia visible en un mundo violento y no arrepentido experimentará prueba y tribulación junto con los pecadores. ¡Pero la soberanía de Dios y sus promesas proveen una «esperanza segura y cierta» para el pueblo del Reino de Dios!

SEGUNDO SELLO: CONFLICTO EN LA TIERRA
APOCALIPSIS 6.3-4

El segundo ser viviente llamó al jinete que montaba un caballo rojo, a quien se le concede «poder de quitar de la tierra la paz».

¿Qué se indica respecto a este jinete que sugiere o simboliza guerra?

TERCER SELLO: ESCASEZ EN LA TIERRA
APOCALIPSIS 6.5-6

El resultado inevitable de la anarquía y derramamiento mundial de sangre es el caos económico. De modo que el jinete que monta un caballo negro, quien aparece al romperse el tercer sello, trae confusión económica a la tierra.

¿Cuál es el problema: hambruna, inflación o escasez de recursos?

¿Cuál es el alcance de los efectos del problema: lujos, necesidades o...?

CUARTO SELLO: MORTANDAD EN LA TIERRA
APOCALIPSIS 6.7-8

El siguiente jinete lleva el nombre de «Muerte» y «Hades» (no «infierno»), la región de los espíritus que han partido, figuradamente le sigue para consumir las víctimas de la muerte.

Describa el alcance de la destrucción de la vida humana en ese tiempo.

Compare este asalto a la vida y bienestar humanos con las predicciones de Jesús en Lucas 21.11,25.

QUINTO SELLO: EL CLAMOR DE LOS MÁRTIRES
APOCALIPSIS 6.9-11

Cuando se abrió el quinto sello se reveló una escena completamente diferente a las de los cuatro jinetes. Ahora Juan ve bajo el altar del cielo las almas de los que han muerto «por causa de la palabra de Dios y por el testimonio que tenían». Tal vez son los mártires a los que Jesús se refirió en Mateo 24.9.

¿Qué clamaban? (Ap 6.10)

¿Qué se les dio? ¿Qué sugiere esto respecto a nuestros cuerpos resucitados?

¿Cuánto tiempo tuvieron que esperar?

SEXTO SELLO: CATACLISMOS CÓSMICOS
APOCALIPSIS 6.12-17

Las terribles catástrofes cósmicas que se predice que ocurrirán en conexión con la apertura del sexto sello son casi inconcebibles. El lenguaje es típicamente apocalíptico y simbólico. Sin embargo, estos sucesos fueron predichos en otras partes como el principio de la ira de Dios.

 SONDEO A PROFUNDIDAD

«Hay tres corrientes básicas de juicio que brotan del trono, resumidas en los conjuntos de los siete sellos, siete trompetas y siete redomas (copas). Estos juicios no son necesariamente sucesivos, sino que parecen superponerse, entretejerse y culminar juntos. (Note que cada conjunto, al finalizar, involucra un gran terremoto [Ap 6.12; 11.13; 16.18], sugiriendo que tratan con diferentes períodos y/o arenas de juicio divino, pero que llegan de forma simultánea al clímax.)»[3]

Compare el sexto sello con las predicciones de Isaías 34.4; Joel 2.30-31 y Mateo 24.29.

Haga una lista de los varios cambios físicos sorprendentes que harán que un gran temor caiga sobre los hombres de todas las clases y condiciones.

Apocalipsis 6.12 es un eje central en lo que parece una repetición inacabable de tribulación que Jesús predijo que ocurriría cuando Dios expulse el mal de la tierra. Al final, los hombres van a ver la seriedad de sus circunstancias y, sin embargo, no se arrepentirán (Ap 6.16).

INFORMACIÓN ADICIONAL

«Aun cuando el término "el Rapto" no está en la Biblia, la idea que representa sí está bien definida. Por "el Rapto" nos referimos a la aparición literal, inminente (en cualquier momento) de Jesucristo en el cielo, para llevar a su Iglesia redimida, los vivos trasladados y los muertos resucitados, para estar con Él».[4]

Puesto que Dios no ha señalado a su Iglesia para la ira (1 Ts 5.19), ¿qué sugiere el hecho de que «su ira ha llegado» en Apocalipsis 6.17 respecto al tiempo de la liberación prometida?

LOS 144,000 SELLADOS
APOCALIPSIS 7.1-8

Parece que los tiempos de tribulación dan oportunidad y motivación para testificar. En Apocalipsis 7, durante un interludio en las descripciones dramáticas de los sucesos proféticos, Juan ve dos grupos de personas que Dios en su gracia usará de manera especial durante este período.

Primero están los 144,000 que serán «sellados» por Dios y protegidos de su ira venidera sobre la tierra como juicio. Compare y contraste este «sello» con los que llevarán «la marca de la bestia» en Apocalipsis 13.

SONDEO A PROFUNDIDAD

«Existen tres puntos de vista diferentes respecto a quienes pueden ser los 144,000.

»*El primero* es que son un grupo selecto de judíos convertidos al Mesías, quienes, al inicio de los juicios de la "tribulación" (concepto de siete años), se vuelven a Jesús como Señor. Son entonces "sellados" para predicar el evangelio al mundo durante este período después del Arrebatamiento de la Iglesia.

»*El segundo* es que son una representación simbólica de toda la Iglesia, incluyendo judíos y gentiles (Ro 2.28-29); un pueblo preservado y guardado a través de toda la era de la tribulación (concepto clásico) como testigos de Cristo.

»*El tercero* es que representan la plena medida del cumplimiento de Dios de su compromiso con el pueblo escogido, los judíos. La Palabra de Dios indica claramente que Él no ha dejado a Israel fuera de sus propósitos (Ro 9—11). Aun cuando ellos se han separado" (Ro 11.17), habrá una "resurrección" de su voluntad intencional para el Israel nacional (Ro 11.18) y una dotación total de judíos estarán entre los redimidos de todas las naciones (Ro 11.26)».[5]

LOS CREYENTES DE LA TRIBULACIÓN
APOCALIPSIS 7.9-17

Un segundo grupo de personas que Dios usará de manera particular será una multitud mixta de gentiles (Ap 7.9-17). Este gran grupo es internacional en su conformación (Ap 7.9), compuesto de muchos grupos étnicos y geográficos que o bien son salvos durante estos días difíciles o, como si pudieran representar al grupo más amplio de santos redimidos, a través de toda la historia.

En Apocalipsis 7.11,12 se adora a Dios con una lista especialmente hermosa de términos. Escriba a continuación los siete elementos de adoración que se asignan a Dios «por los siglos de los siglos. Amén».

1.   5.

2.   6.

3.   7.

4.

Esta gran multitud, que de súbito aparece en el cielo con vestidos blancos y palmas en las manos, son tantos que nadie podía contarlos. Juan tiene que preguntar quiénes son y de dónde vienen (Ap 7.13).

Escriba la respuesta que el anciano da en Apocalipsis 7.14.

Muchos opinan que la respuesta del anciano (v. 14) indica que esta gran multitud representa a la verdadera Iglesia que ha sido arrebatada y llevada al trono del cielo antes de que empiece el gran Día del Señor (la ira de Dios).

INFORMACIÓN ADICIONAL

En Apocalipsis 7.14 hay varios términos que necesitan explicación para su mejor interpretación. Por ejemplo, *los que han salido*: Expresa una acción repetida y continua, no una acción única. Este no es un cuadro de la consumación de la historia; por lo tanto, la tribulación es algo que ocurre, hasta cierto punto, durante toda la vida de la Iglesia (véanse 1.9; 2.9,22; Mt 13.21; Jn 16.33; Hch 14.22; Ro 8.35,36; 12.12). La gran tribulación describe la aceleración e intensificación de los tiempos difíciles cuando esta era llegue a su final, la cual culmina con el Rapto y la Segunda Venida.[6]

SÉPTIMO SELLO: PRELUDIO DE LAS SIETE TROMPETAS
APOCALIPSIS 8.1

Después del largo interludio de Apocalipsis 7, se abre el sello final. Este séptimo sello da salida a una segunda serie de juicios: los de las siete trompetas, que inundan con actividad destructiva diabólica a un planeta condenado.

¿Qué hecho singular notó Juan después de abierto el séptimo sello?

Hubo una calma antes de la tormenta, como si todo el cielo esperara con expectación el cumplimiento final de los propósitos de Dios. ¡El día del Señor ha llegado!

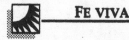

FE VIVA

«Lo significativo de todo este análisis es que demuestra el poderoso hecho de que el modelo progresivo de Dios en el avance de los juicios, que finalmente expulsan todo mal de la tierra, están relacionados directamente a la alabanza, la adoración y las oraciones de su pueblo. No puede haber más poderosa declaración en toda la Biblia respecto a la verdad de que "el reino entra por medio de la adoración" que lo que se revela en este libro. Es *la alabanza eficaz* la que da lugar a su presencia y poder entre su pueblo (Sal 22.3); como se muestra en Apocalipsis, es la *adoración por todas las edades* la que libera su entrada y dominio final: el Reino eterno de nuestro Señor (Ap 19.1-7)».[7]

¿Cómo es su «vida de alabanza»? Nuestro estudio de Apocalipsis ha revelado que la alabanza eficaz y la adoración acumulada liberan los propósitos del Reino de Dios. Califíquese en una escala del 1 al 10 como un «alabador eficaz».

1	2	3	4	5	6	7	8	9	10
Alabador débil				Alabador habitual				Alabador eficaz y persistente	

Relea Apocalipsis 4 y 5 y luego escriba un párrafo de alabanza a Dios por lo que Él es.

Repase Apocalipsis 7.9-12. ¿Qué aspectos de la adoración le parecen oscuros?

Lección 9/ Las siete trompetas
Apocalipsis 8.2—11.18

Parecería que el séptimo sello en realidad contiene los juicios de las siete trompetas que llaman al arrepentimiento a un mundo en espera. Difieren de lo que precede en lo siguiente.

- Los sellos revelan los juicios *globales* que Dios envía;
- las trompetas revelan los juicios *controladores*, cuya extensión Dios la restringe; y
- las copas revelan los juicios del *clímax*, que vierten la ira de Dios con rapidez.[1]

La adoración y la intercesión parecen ser las dos fuerzas espirituales que liberan los juicios de las siete trompetas (Ap 8.1-5). En respuesta a «las oraciones de todos los santos» (Ap 8.3), Dios permite que las fuerzas diabólicas hagan impacto fuera y dentro del mundo. «Las primeras cuatro trompetas son similares a algunas de las plagas en Egipto (Éx 7—10) y se relacionan esencialmente a la contaminación o deterioración ambiental y ecológica. Las últimas tres trompetas crean tormento sicológico (Ap 9.5-6) e involucran destrucción física (Ap 9.18)».[2]

PRIMERA TROMPETA: DESASTRE EN LA VEGETACIÓN
APOCALIPSIS 8.7

¿Qué se nos dice que lloverá del cielo en juicio?

¿Cuánto daño hará?

SEGUNDA TROMPETA: DESASTRE EN LOS MARES
APOCALIPSIS 8.8-9

¿Qué se arrojará al mar? (Ap 8.8)

¿Qué representa esta acción (si acaso simbólica)?

¿Cuánto daño hace?

TERCERA TROMPETA: DESASTRE EN LAS AGUAS
APOCALIPSIS 8.10-13

¿Cómo se describe este juicio?

¿Qué piensa que significa esto?

¿Podría ser el resultado de la radiación producto de una explosión nuclear?

¿Cuál es el nombre de la estrella?

¿Cómo usó Dios el ajenjo en el pasado? (Véanse Lm 3.15; Jer 9.13-15; y 23.15.)

CUARTA TROMPETA: DESASTRE EN LOS CIELOS
APOCALIPSIS 8.12-13

¿Podría esto ser el resultado de la capa de hollín que reduce la luz del sol producida por los juicios de las tres primeras trompetas?

¿Qué significan los «ayes» del versículo 13?

QUINTA TROMPETA: LAS LANGOSTAS DEL POZO DEL ABISMO
APOCALIPSIS 9.1-12

Hasta aquí los juicios de estas trompetas no han tocado directamente a la humanidad. Sin embargo, las dos plagas siguientes caen sobre la gente misma y para describirlas Juan dedica más del doble del espacio que empleó para las cuatro trompetas anteriores.

El relato empieza con una *estrella* que cae del cielo a la tierra (Ap 9.1). Los pronombres y actos personales atribuidos a la estrella indican que es más que un meteoro.

¿Qué se le da a esta estrella en el versículo uno?

¿Qué hizo la «estrella» con eso?

¿Qué ocurrió cuando «el pozo del abismo» se abrió al caer esta estrella? (Ap 9.2-3)

¿Cuáles son los nombres griego y hebreo que se da en Apocalipsis 9.11 a este «ángel del abismo», que es también el rey de las criaturas semejantes a langostas?

RIQUEZA LITERARIA

Abadón significa «destrucción» (véase Job 26.6), que en griego es *Apolión*, que significa «exterminador» o «destructor» (véase 1 Co 10.10). Estos son nombres de Satanás, siendo él mismo un ángel caído (véanse Ap 12.7-12; Is 14.12-14; Ez 28.11-17).

Las criaturas que parecen caballos y escorpiones con caras y cabellos humanos simbolizan a seres demoníacos (véanse Éx 10.12-15; Jl 1.1—2.11). En lugar de despojar la vegetación, estas criaturas atacan y atormentan sólo a ciertos seres humanos por un período de cinco meses.

¿Quiénes son estas víctimas seleccionadas?

Algunos han tratado de explicar que las criaturas en esta visión son helicópteros rociando sustancias químicas. Otros sugieren que se trata de «abejas asesinas». ¿Qué piensa usted? ¿Por qué?

Dios estableció una fuerza «restrictiva» en el mundo para coartar el efecto total de la maldad (2 Ts 2.6-7). En algún momento de esta terrible tribulación, Dios quitará este ministerio de su gracia y el diluvio diabólico será irrestringible.

SEXTA TROMPETA: LOS ÁNGELES DEL ÉUFRATES
APOCALIPSIS 9.13-21

Este juicio es tan severo que, cuatro ángeles extremadamente malos y poderosos, atados y reservados para este gran día de juicio, matarán a «una tercera parte de los hombres». (Véase Jud 6.) Son desatados por la orden de Dios.

¿Cuántos millones se unen en un ejército para cumplir con esta terrible tarea?

¿Qué clase de ejército se quiere indicar: humano literal, de demonios o...?

Si lo que se quiere indicar es un ejército humano literal, ¡considere el desafío logístico que sería reunir, armar y transportar un ejército humano para destruir *una tercera parte de la humanidad!*

¿Cuál era el propósito de las plagas resultantes de los efectos de la guerra?

¿Cómo se relaciona esta destrucción masiva por fuego a la comprensión de Pedro de los hechos de los postreros días? (Véase 2 P 3.7-9.)

EL ÁNGEL FUERTE CON EL LIBRITO
APOCALIPSIS 10.1-11

Antes de sonar la séptima y final trompeta, hay algunas cosas importantes que se tratan durante un segundo interludio. Este período sigue el mismo patrón de los sellos, donde la información adicional prepara al lector para los sucesos que siguen.

El apóstol vio un ángel fuerte (a lo mejor Miguel, «el gran príncipe» [Dn 12.1]). Resuma la deslumbrante descripción de este ángel (vv. 1-6):

En su mano el ángel tenía un rollo pequeño (Ap 10.2). Es diferente a los rollos de Apocalipsis 5—7. Podría estar relacionado con el rollo simbólico de Ezequiel (Ez 2.9—3.3; véase también Jer 15.15-17).

¿Qué se le dice al profeta que haga con el librito?

Note que cuando a Juan se le dio el libro, también se le dice que lo coma (Ap 10.9-10). Esta acción simboliza la asimilación de la Palabra de Dios en nuestro ser de modo que pueda obedecerse y proclamarse con confianza.

INFORMACIÓN ADICIONAL

De la inmensa figura angélica se dice que tiene un pie en el mar y el otro en la tierra. Esto simboliza que el mensaje profético es para todo el mundo. Juan entendió su mensaje, que le pareció como el resonar de truenos, pero se le instruyó que no lo escribiera, sino más bien que lo sellara.

Otras cosas se han mantenido guardadas, sin revelarse a la humanidad por ahora. Descubra estas cosas en los siguientes pasajes:

Daniel 8.26

Daniel 12.4,9

2 Corintios 12.4

El ángel sostiene el libro en su mano izquierda, y levanta su diestra al cielo y destaca la importancia de este mensaje tan largamente esperado al jurar por su verdad. Esta acción es similar a la de un testigo que ante una corte jura decir la verdad.

¿Cuál es el mensaje y su significado? (Ap 10.6)

¿Qué misterio se revelará o completará? (Ap 10.7) (Véase 2 Co 15.50-52.)

Como ya se mencionó antes, comer el libro tiene que ver con la asimilación del mensaje que contiene. El contenido del mensaje que Juan debe «comer» es incierto, pero el efecto es a la vez amargo y dulce. Los juicios son dulces porque traen un apropiado fin al mal. Por otro lado, también son amargos porque proclaman la ira de Dios sobre los impenitentes que la reciben, lo cual es una experiencia desagradable.

LOS DOS TESTIGOS
APOCALIPSIS 11.1-14

Al continuar la visión de Juan se le da una «caña» para usar como vara para medir «el templo de Dios, y el altar, y a los que adoran en él».

 ENTRE BASTIDORES

Este templo del período de la tribulación es el cuarto mencionado en las Escrituras. El primero, construido por Salomón, Nabucodonosor lo destruyó en el 586 a.C. Antíoco Epífanes, en el 168 a.C., profanó y destruyó el segundo templo, que (re)construyeron Esdras y Nehemías después del exilio. El tercer templo, que Herodes terminó en los días de Jesús, lo destruyó Tito Vespasiano en el 70 d.C. A este cuarto templo, que es el foco de atención durante el período de la gran tribulación, le seguirá un quinto templo durante el milenio (Ez 40—47).

El edificio real que Juan debe medir se llama en griego un *naós*. La palabra significa «una capilla o santuario central». Es como las áreas sagradas del Lugar Santo y Lugar Santísimo en los templos previos de Jerusalén, a las cuales sólo a los sacerdotes se les permitía entrar. En 2 Tesalonicenses 2.4 se menciona como el trono del hombre de pecado.

De modo que el templo del cual se habla en Apocalipsis 3.12; 7.15; 11.19; 14.15,17; 15.5-6,8 y 16.1,17 *podría* ser alguna estructura diferente de algún templo reconstruido y ocupando el mismo espacio que la actual «Cúpula de la Roca» musulmán en el monte del templo. Podemos estar seguros que es un lugar de adoración, en algún lugar de Jerusalén, durante este período de tribulación.

A Juan se le instruye que al medir el «templo» no incluya una parte del mismo. ¿Cuál fue la sección y la razón para no hacerlo? (v. 2)

¿Cuánto tiempo hollarán este atrio exterior?

¿Cómo corresponde esto a la septuagésima semana de Daniel? (cf. Dn 9.24-27)

Si los meses son típicamente «meses proféticos» de treinta días cada uno, ¿cómo se correlaciona este marco con el tiempo que se le da a los dos testigos para hablar de Dios sobre la tierra?

SONDEO A PROFUNDIDAD

Aun cuando no se identifica a los «dos testigos» como individuos, son una reminiscencia de Moisés y Elías, así como de Enoc y Elías. Uno de los más grandes milagros de Moisés fue convertir el agua en sangre y uno de los de Elías fue cerrar el cielo. Sin embargo, se dice que el hombre muere una sola vez y Moisés había muerto y está aún sepultado en el monte Nebo en Jordania. Enoc y Elías son los únicos hombres que el Señor se llevó directamente sin morir (véanse Mal 4.5-6; Mc 9.11-13).

La especulación adicional abunda en cuanto a la identidad de estos dos personajes centrales. Una es que los «dos testigos» son en realidad dos «compañías» que Dios ha designado y que tienen poder de una manera especial durante este tiempo. Por último, algunos sugieren que puesto que el

inicio de estos dos versículos es claramente espiritual y simbólico, no hay razón para hacer del resto del pasaje una cosa
diferente.[3]

Estos dos testigos, quienesquiera que sean, se les pro-
tegerán de manera sobrenatural y se les darán palabras especialmente ungidas para hablar y poderes extraordinarios
sobre la naturaleza (Ap 11.5-6). La precisión de la duración
de su ministerio sugiere muy bien una de las mitades de la
septuagésima semana de Daniel, tal vez la última.

¿Qué ocurre cuando atacan a los dos testigos? (Véanse Ap 11.5;
2 R 1.9-15.)

¿Qué debe ocurrir antes de que la bestia que sube del abismo
venza a los testigos? (Véase Ap 11.7.)

¿Cómo responderán a su muerte los habitantes de Jerusalén
«donde también nuestro Señor fue crucificado»? (Ap 11.8-10)

¿Cómo es posible que el mundo entero vea los cuerpos de estos
dos testigos al mismo tiempo? (Ap 11.9)

Después de tres días y medio «el espíritu de vida enviado por
Dios» resucitará a los dos testigos. ¿Cómo reacciona la gente que
se alegró?

En Apocalipsis 11.12, una voz habla desde el cielo a los testigos resucitados y les dice: «Subid acá. Y subieron al cielo en una nube».

 ## SONDEO A PROFUNDIDAD

Algunas personas dirían que el versículo 12 describe el Rapto (1 Ts 4.16-17) y es señal de que todos los cristianos van al cielo. Si es así, el Rapto ocurre:
- al final de la segunda mitad de la septuagésima semana de Daniel,
- al final de la gran tribulación, y
- después de la persecución del anticristo.

Algunos que sostienen este período para el Rapto ven una similitud con las «nubes» que reciben a los dos testigos y las «nubes» en las cuales creyentes vivos y muertos serán arrebatados en la venida del Señor (Mt 24.29-30; 1 Ts 4.15-18).

No podemos ser dogmáticos con relación a cuándo ocurrirá el Rapto, ¡pero sí podemos estar seguros de que ocurrirá!

DE UN VISTAZO

ACONTECIMIENTO DEL RAPTO	Mt 24	1 Co 15	1 Ts 4	Ap 11
El Señor en el aire	X		X	
Clamor			X	X
Trompeta		X	X	X
Muertos en Cristo resucitados	X	X	X	X
Creyentes vivos arrebatados*	X	X	X	X

*«arrebatados» (griego: *jarpadzo*); atrapar, arrebatar, levantar, ser tomado de súbito por la fuerza.

¿Qué desastre natural ocurre en Jerusalén al tiempo de la resurrección y ascensión de los dos testigos? (Véase Ap 11.13.)

¿Cuáles fueron los resultados y las respuestas?

SÉPTIMA TROMPETA: EL REINO PROCLAMADO
APOCALIPSIS 11.15-18

Al tocar el séptimo·ángel la séptima (y última) trompeta, el triunfo final de Dios y de Cristo se proclama en términos del reinado del Rey Jesús sobre la tierra y toda la eternidad. Hay una transferencia de poder y autoridad al propietario legítimo y verdadero Rey: «Los reinos del mundo han venido a ser de nuestro Señor y de su Cristo; y Él reinará por los siglos de los siglos» (Ap 11.15).

 ### INFORMACIÓN ADICIONAL

«Dios le dejó saber a Pablo que los muertos serían levantados gracias a una instantánea transformación **a la final trompeta.** Las trompetas se usaban para congregar al pueblo de Dios (Nm 10.1-10) y en las ceremonias de coronación de los reyes de Israel (1 R 1.34). El Rapto de la Iglesia no sólo nos transforma, sino que da la bienvenida a Cristo que viene como el Rey de la tierra, "al encontrarse con el Señor en las nubes" a su regreso (véase 1 Ts 4.16,17)».[4]

La recitación de los veinticuatro ancianos (Ap 11.17-18) es una sinopsis de los capítulos restantes de Apocalipsis. Revisa de antemano los mortíferos juicios de las copas que siguen.

 ### SONDEO A PROFUNDIDAD

«El rompimiento del saco amniótico, durante el parto natural, casi siempre testifica que el estado de dilatación se ha completado y ha empezado la fase de la expulsión. De la misma manera, la séptima trompeta anunciará la expulsión de las dos simientes. Primero, proclamará el completamiento de la Iglesia, iniciando su cosecha de la tierra y, por ello, trayendo a los siervos de todas las edades a la presencia de Dios para recibir sus justas recompensas (Ap 11.15-18). Segundo, anunciará el colapso del dominio del pecado sobre la tierra. Esto iniciará la reunión de la cizaña de todas las naciones en Armagedón, para resistir la venida del Señor, y traerá la ira de Dios».[5]

Los lectores de los profetas del Antiguo Testamento (así como las epístolas de Pablo) tenían que comprender el asunto de «la trompeta final» sin ningún conocimiento del libro de Apocalipsis. ¿Qué conexión habrían hecho entre el Día del Señor y el sonar de la trompeta?

Joel 2.1

Sofonías 1.14-16

1 Corintios 15.51-52

1 Tesalonicenses 4.16-17

 FE VIVA

Vuelva a leer Apocalipsis 11.17 y haga suya la oración:

«Te damos gracias, Señor Dios Todopoderoso,
el que eres y que eras y que has de venir,
porque has tomado tu gran poder, y has reinado».

Lección 10 / Las siete señales
Apocalipsis 11.19—15.4

En esta sección la escena pasa de los efectos de la séptima trompeta sobre la tierra a los acontecimientos que ocurren simultáneamente en el cielo y en los lugares celestiales. Sucesos específicos tanto físico como políticos se describen de manera simbólica.

Apocalipsis 11 termina con un cuadro del cielo abriéndose para recibir el Reino de Dios que estaba en la tierra. En el versículo 19 vemos el templo en el cielo, del cual el tabernáculo y templos terrenales no fueron sino un tipo o copia (véase Heb 9.23-26). «El trono es el arca de su pacto, específicamente el asiento de su misericordia (véanse Éx 25.8-9,10-22; Heb 9.23-26), un recordatorio de la fidelidad de Dios para con su pueblo».[1]

LA MUJER, EL NIÑO Y EL DRAGÓN
APOCALIPSIS 12.1-6

Hasta aquí, la mayor parte del libro de Apocalipsis se relaciona con la gloria de Dios y sus juicios contra los incrédulos en la tierra. Ahora, en el interludio indicado en Apocalipsis 10—15, el drama cambia a siete *señales* (viñetas en miniatura) describiendo de manera simbólica porciones de la tribulación, no necesariamente en orden cronológico.

La primera escena presenta una alegoría con la cual el mundo antiguo debería haber estado familiarizado. Un usurpador trama ascender al trono matando al nacer el príncipe heredero real. El príncipe se rescata milagrosamente y se esconde hasta que tiene suficiente edad para matar al usurpador y reclamar su reino.

¿Qué nombres se usan para el «usurpador» en este pasaje? (Véanse Ap 12.3,9; Is 27.1.)

¿Cómo las siete diademas lo identifican con el último de los gobernadores gentiles de los sueños de Daniel? (Véanse Dn 7.7-8; Ap 13.1-7.)

¿Quién pudiera estar representado por «la tercera parte de las estrellas de los cielos»? (Véanse Ap 12.7; Mt 25.41; Ef 6.12.)

¿Quién es la mujer encinta? (Véase Gn 37.9-10; Is 26.17-18; 66.7ss; Miq 4.10; 5.3.)

¿Quién es el hijo varón? (Véanse v. 5; Sal 2.7-9; Dn 7.13; y Hch 1.9.)

¿Por qué el dragón persiguió a la mujer? (Véase Ap 12.13.)

¿A dónde huyó la mujer buscando protección? (Véanse Ap 12.6,14; Is 16.1-5; Dn 11.36-45; Os 2.14-23.)

SATANÁS LANZADO DEL CIELO
APOCALIPSIS 7-12

La segunda viñeta representa el mismo conflicto espiritual anterior (Ap 12.1-6), pero ahora se describe desde el campo celestial.

¿Quién es «Miguel» y contra quién lucha en Apocalipsis 12.7-9? (Véanse Dn 10.13,21; 12.1; Jud 9.)

ENTRE BASTIDORES

En otro importante pasaje profético (2 Ts 2.1-9), el apóstol Pablo describe la secuencia de hechos que llevan a un claro entendimiento de quién es exactamente el anticristo. Antes de que pueda revelarse: «Hay quien al presente lo detiene, hasta que él a su vez sea quitado de en medio» (2 Ts 2.7).

«El que detiene al hombre de pecado no es mencionado en ningún otro lugar de la Biblia. Entre las interpretaciones propuestas sobre el poder que mantiene al anticristo bajo control están: (1) El inconcluso ministerio de Pablo: el hijo de perdición se manifestará una vez que Pablo complete su misión; (2) el Espíritu Santo, quien mantiene las cosas sujetas hasta que madure el momento escatológico; (3) el mismo Dios, porque es el mal lo que está sujeto; (4) el estado judío de la época; (5) la institución del gobierno humano».[2]

Otros se inclinan a pensar que es Miguel, el arcángel frecuentemente implicado en los sucesos del fin de los tiempos. Es claro que Miguel se ha designado como guardián angélico y campeón de Israel (Dn 10.13,21; 12.1; Jud 9). Es también significativo que se menciona en específico en la batalla contra Satanás y sus ángeles caídos antes de ser lanzados a la tierra. Si Miguel ya no «se levanta» por Israel (Dn 12.1), no hay nada que detenga las repulsivas acciones de Satanás como «el hombre de pecado» descrito en 2 Tesalonicenses 4.1-12 como parte de la gran apostasía del fin de los siglos.

También se identifica a Satanás como «la serpiente antigua» (Ap 12.9). Algunos ven una conexión con la serpiente en el jardín del Edén (Gn 3.) y con la promesa del Señor para castigar a aquella antigua serpiente marina llamada Leviatán (Is 26.29—27.1). ¿Qué opina usted?

El conocido pasaje de 12.11 nos recuerda que los hermanos vencieron al enemigo durante este tiempo de persecución apropiándose de la victoria de la obra concluida de la cruz («la sangre del Cordero» y por la confesión pública y paciente de su fe («la palabra de su testimonio»). ¡Amaron a Jesús más que a su propia vida («menospreciaron sus vidas hasta la muerte»)!

PERSECUCIÓN DE LA MUJER
APOCALIPSIS 12.13-17

¿Qué hace el dragón inmediatamente después de ser lanzado a la tierra?

¿A dónde fue llevada la mujer para protegerla durante este tiempo?

Compare Apocalipsis 12.6 con 12.14. Si un mes profético tiene treinta días, ¿cuántos años hay aquí? ¿Cómo se relaciona este período en Apocalipsis 12.14?

¿Cómo intenta la serpiente atacar a la mujer? ¿Cómo la protegen?

LA BESTIA DEL MAR
APOCALIPSIS 13.1-10

La primera mitad del capítulo 13 describe una bestia horrible que sale del mar. Esta es la primera de dos bestias que tendrán gran autoridad y poder en el resto de Apocalipsis. La primera tendrá gran poder político y la segunda (13.11) tendrá importante respaldo religioso como para influir en los objetivos políticos de la primera.

Por lo general, se comprende que la primera bestia, que sale «del mar», es el anticristo que Juan menciona en su pequeña epístola (1 Jn 2.18).

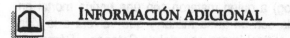

La idea bíblica del anticristo se muestra en variadas formas:
- Un espíritu general: (1 Jn 2.18,22; 4.3; 2 Jn 7; Ap 13.1-2)
- El sistema mundial (Dn 2.24-25; 7.23-27)
- Un ser humano: (Dn 7.25; 8.22-26; 11.36-45; 2 Ts 2.1-12)

¿Es el «mar» (Ap 13.1) literalmente un cuerpo de agua o una representación simbólica de alguna otra cosa? (Véase Ap 13.15.)

La configuración del monstruo nos recuerda las bestias que Daniel vio en su visión en Daniel 7.2-7. ¿Por qué Juan alteraría el orden de las cualidades de la bestia en comparación con la descripción que da Daniel?

¿Cuáles tres cosas le dio el dragón (Satanás) a la bestia del mar que vio Juan?

La bestia es «mortalmente herida» en una de las siete cabezas (Ap 13.3) por un arma militar (v. 14). ¿Piensa que esto lo hizo un solo emperador o un imperio entero?

SONDEO A PROFUNDIDAD

Un estudio de los pasajes relacionados (e.g., Dn 7.23-27; 8.22-26; 11.36-45; Ez 38.2,4,8,9; 2 Ts 2.1-12; Ap 13.3; 17.8-11) revela a algunos estudiantes de escatología que este anticristo final es un hombre (tal vez un jafeteo de la línea del linaje de Magog) a quien mataron con una herida mortal en la cabeza dada con un arma militar y que volverá a la vida para gobernar el final imperio bestial de Satanás. ¿Cómo aumentaría lo que parece ser una resurrección o recuperación milagrosa de tal herida el poder y autoridad de este nuevo dictador mundial y del dragón?

En Apocalipsis 13.5-8, ¿qué cuatro señales se «dan» a la bestia y quién se las da?

1.

2.

3.

4.

El período de la autoridad de la bestia es limitado. Compare Apocalipsis 13.5 con 11.2-3 y 12.6,14, junto con Daniel 9.27 y 12.6,7. Luego anote la duración de su dominio.

Los judíos usaban meses lunares para medir el tiempo. Por consiguiente, en la interpretación de las profecías bíblicas la aplicación del año lunar se acepta casi siempre como «un año profético».

Un año lunar se compone de meses de treinta días. Apocalipsis 13.5-8 indica que el anticristo recibe poder para blasfemar de Dios y para hacer la guerra contra los santos, ¿por cuántos meses? ¿Cuántos días será eso?

Cinco sucesos aislados ocurren durante el reinado del anticristo, que se indican específicamente como extendiéndose por 1260 días, 42 meses o tres años y medio. Identifique el período mencionado en cada uno de los siguientes pasajes bíblicos:

Daniel 7.25

Apocalipsis 11.2

Apocalipsis 11.3

Apocalipsis 12.6

Apocalipsis 13.5-8

¿Qué se dice en Apocalipsis 13.7 para indicar que hay creyentes en la tierra en este tiempo?

El dragón le da a la bestia autoridad como el Mesías (Lc 4.4-7; 2 Ts 2.4; 1 Jn 5.19). ¿Quiénes adoran a este falso mesías? (Véase el v. 8.)

LA BESTIA DE LA TIERRA
APOCALIPSIS 13.11-18

Así como la primera bestia sube del mar (quizás el turbulento caos político de los gobiernos modernos), ahora Juan ve otra bestia que sale de la tierra. Mientras que la bestia dictadora se representó con poderosas imágenes de animales, esta segunda bestia se dice que es como un cordero, pero con autoridad similar a la del dragón.

¿Cómo se identifica a la segunda bestia en Apocalipsis 16.13, 19.20 y 20.10?

¿Qué clase de milagros puede realizar este falso profeta? (Véase Ap 13.13-15.)

En un intento de obligar a la gente a adorar la imagen de la bestia (v. 15), el falso profeta inicia un plan. ¿Cuál es el enlace entre la economía y la adoración en este diabólico plan? (v. 17)

 ENTRE BASTIDORES

Como ni el idioma hebreo ni el griego poseían un sistema numérico independiente, las letras de sus alfabetos tenían valor numérico. De ahí que **el número de la bestia** fuera representado por el valor numérico de las letras que forman su nombre. Puede que el monstruo haya sido el último de los muchos seudomesías (véase Mt 24.24; Mc 13.22) que surjan en la historia como manifestación del espíritu del anticristo (véanse 1 Jn 2.18,19,22; 4.3; 2 Jn 7).[3]

EL CORDERO Y LOS 144,000
APOCALIPSIS 14.1-5

¿Piensa que el lugar de Apocalipsis 14.1 es un sitio geográfico real o una descripción de una realidad espiritual? ¿Por qué?

ENTRE BASTIDORES

Sion fue originalmente el nombre de la antigua fortaleza montañosa jebusea que David capturó cerca del Valle del Cedrón. Él llamó a esta fortaleza de Sion «la ciudad de David» (1 R 8.1; 1 Cr 11.5; 2 Cr 5.2). Después que Salomón construyó el templo en el monte adyacente de Moriah, el significado de la palabra Sion aumento para incluir toda el área del templo. A la larga Sion se usó en sentido figurado para toda Jerusalén, luego para la tierra de Judá y finalmente la nación entera de Israel. El escritor de la carta a los Hebreos en el Nuevo Testamento le dio todavía otro significado relacionándolo a «la ciudad del Dios vivo, Jerusalén la celestial» (Heb 12.22).

¿Qué dos nombres están escritos en las frentes de los 144,000? Compare esto con los requisitos de Apocalipsis 13.16-18. ¿Qué hay de significativo en esta comparación?

El cántico nuevo (Ap 14.3) que cantan los 144,000 es uno que sólo los redimidos pueden entender y entonar. ¿Cómo mejorará Efesios 5.19 y Colosenses 3.16 nuestra «práctica coral» antes de esa presentación?

PROCLAMACIÓN DE LOS TRES ÁNGELES
APOCALIPSIS 14.6-13

En esta tercera escena vemos tres ángeles con tres mensajes. El primer ángel (Ap 14.6,7) presenta un llamado a «los moradores de la tierra, a toda nación, tribu, lengua y pueblo» para honrar al Creador, «que hizo el cielo y la tierra, el mar y las fuentes de las aguas». Este «mensajero» evangelizaba en medio del juicio. No hay mención a evangelistas judíos ni testigos cristianos, sin embargo, la gracia de Dios provee la predicación del «evangelio eterno».

Luego el segundo ángel vuela con una declaración de condenación. Anuncia el colapso de una gran ciudad. ¿Cuál es la ciudad que se menciona? ¿Qué sabe hoy de aquella ciudad?

¿Cuán influyente era la ciudad derrotada?

El tercer ángel advierte acerca del juicio eterno sobre los que llevan la marca de la bestia y los que adoran a la bestia. Describa la naturaleza y alcance de su juicio:

Todos estos mensajes destacan la importancia de la resistencia paciente de los santos, quienes deben guardar «los mandamientos de Dios y la fe de Jesús». ¿Qué fruto continuo se promete a los muertos en Cristo?

LA SIEGA DE LA MIES DE LA TIERRA
APOCALIPSIS 14.14-16

La cosecha se usa en el Antiguo Testamento para indicar el juicio divino (Os 6.11; Jl 3.13). Igualmente, Jesús relacionó el juicio final con la siega de la tierra (Mt 13.30,39).

Muchos identifican esta visión de una siega en dos etapas como el juicio final escatológico. Algunos interpretan la primera fase como se «cosecha» a los creyentes de la tierra y se llevan a la presencia del Señor antes de «recoger» a los incrédulos como uvas para exprimir. Otros ven a este segundo juicio como una repetición del primero, enfatizando la clase y alcance del juicio.

¿A quién se identifica en la nube?

¿Qué le instruye «otro ángel» a hacer?

¿Quién es el segador?

¿Cuál es, en su opinión, la cosecha que se está recogiendo?

LA SIEGA DE LAS UVAS DE LA IRA
APOCALIPSIS 14.17-20

«Otro ángel» salió del templo del cielo, pero con todo «otro ángel» inició una gran recolección de uvas. De esta segunda cosecha a menudo se sugiere que es la ira final de Dios que se derramará sobre los moradores incrédulos de la tierra en los juicios de las copas que siguen en Apocalipsis 16.

¿En qué se diferencia esta siega de la cosecha de Apocalipsis 14.15-16?

¿Cuán severas son la violencia y la carnicería de este segundo juicio? (Ap 14.20)

¿Cree que este grotesco relato es literal o una hipérbole literaria? Antes de contestar, compare Apocalipsis 14.20 con 16.13-16 y 19.11-21.

PRELUDIO DE LAS COPAS DE JUICIO
APOCALIPSIS 15.1-4

Apocalipsis 15 concluye este interludio celestial que sirve de preludio a la última serie de siete plagas de castigo (Ap 15.1) en

Apocalipsis. Las plagas van precedidas de varios santos victoriosos que cantan cánticos especiales de su redención.

¿Qué cánticos se mencionan específicamente en Apocalipsis 15.3?

¿Qué podemos aprender acerca de Dios en la letra del cántico que aparece en Apocalipsis 15.3-4?

FE VIVA

Majestad

¡Majestad! ¡Gloria a su majestad!
　　Jesucristo merece todo honor;
¡Majestad! ¡Reino! ¡Autoridad!
　　Suyo el honor, suyo el poder; ¡Gloria a Él!
Exaltad, engrandeced su santo nombre,
　　Adorad, magnificad a Cristo el Rey.
Majestad, ¡Gloria a su majestad!
　　¡Cristo murió, resucitó; hoy es Señor!*

¿Cómo expresa la letra del canto «Majestad» las cualidades del «Señor Dios Todopoderoso» similares a las mencionadas en Apocalipsis 15.3-4? (Nota: el compositor usa el término «Majestad» como un *título* para Cristo, no como una descripción de su gloria; de modo que, este llamado no es a adorar un brillo o una cualidad, sino a adorar al Rey mismo.)

No tenemos que esperar hasta que estemos ante el trono de Dios en el cielo para magnificar a su Majestad. Mencione tres cosas acerca de Jesús por las cuales podría alabarle ahora mismo:

1.

2.

3.

Lección 11 / Las siete copas
Apocalipsis 15.5—16.21

Si la primera fase del juicio final (Ap 14.14-16) representa a los creyentes siendo «cosechados» de la tierra y llevados a la presencia del Señor, entonces se puede pensar de Apocalipsis 15 como una recuento detallado de lo que ocurre con ellos en el cielo. De la misma manera, el capítulo 16 detalla lo que transpira en la segunda fase para aquellos que han abrazado el mal en la tierra.

De su contraparte celestial al «tabernáculo del testimonio» terrenal (véase Éx 40.34, 35), siete ángeles, vestidos como sacerdotes, salen para ejecutar la ira de Dios en la tierra (Ap 15.1, 5-7; 16.1.)

 RIQUEZA LITERARIA

Testimonio, *marturion*; Strong #3142: Compare «mártir» y «martirología». Prueba, evidencia, testigo, proclamación de una experiencia personal. El tabernáculo, que constituye una evidencia de la presencia de Dios, es un testimonio del pacto entre el Señor y su pueblo.[1]

Apocalipsis 15.8 indica que el templo en el cielo «se llenó de humo por la gloria de Dios, y por su poder». ¿En qué otra parte de las Escrituras leemos del «humo santo» y la gloria visible de Dios?

Compare el contenido de los siguientes pasajes bíblicos:

Éxodo 40.34-35

1 Reyes 8.10-11

Isaías 6.1-4

¿Qué contiene esta expresión final de la ira de Dios? (Véanse Ap 15.1,7-8; 16.1.)

¿Quién instruye a los siete ángeles que viertan las copas? (16.1)

 ## DE UN VISTAZO

LAS SIETE PLAGAS, APOCALIPSIS 16:
1. Horribles llagas en los marcados por la bestia, v. 2
2. El mar contaminado en total devastación, v. 3 (cf. 8.8-9)
3. Las aguas convertidas en sangre: contaminación, vv. 4-7 (cf. 8.10-11)
4. El sol quema a la humanidad, vv. 8-9
5. Tinieblas y dolor sobre los traficantes del poder, vv. 10-11 (cf. 9.6)
6. El último estertor de las furias diabólicas, vv. 12-16 (cf. 9.13-15)
7. El final estremecimiento de la tierra, vv. 17-21 (cf. 6.12-17; 11.15-19; Heb 12.15-29).[2]

¿Hacia qué hecho manipulan los espíritus demoníacos, bajo el control de la «trinidad impía» (16.13), a los reyes de la tierra? (Véase 16.14-16.)

Explique cómo Apocalipsis 16.15 es una promesa llena de esperanza para el creyente y una predicción que acosa al incrédulo.

Esta referencia a un «ladrón» en la noche (16.15) liga a otros cuatro pasajes que se refieren al Señor viniendo súbita e inesperadamente en juicio. ¿Qué puede aprenderse de cada uno de estos pasajes respecto a la necesidad de que el creyente esté preparado?

- Lucas 12.39-40

- 2 Pedro 3.10

- Apocalipsis 3.3

- Apocalipsis 16.15

En Mateo 24.45-47, ¿cómo sugiere Cristo que sus seguidores deberían servirle mientras su retorno se demora?

SÉPTIMA COPA: LA TIERRA TIEMBLA POR COMPLETO
APOCALIPSIS 16.17-21

La séptima plaga la vierte finalmente el séptimo ángel. No se derrama sobre la tierra, sino más bien «por el aire». No se nos dice lo que esto representa. Algunos ven su significado en que se dice que esta es la morada de Satanás, el «príncipe de la potestad del aire» (Ef 2.2). Otros opinan que indica que este último juicio es universal.

¿Qué dice la voz fuerte que sale del templo?

Compare Apocalipsis 15.1 y 15.8, y explique qué sugiere este clamor.

¿Qué catástrofes naturales se describen en Apocalipsis 16.18?

¿Qué términos geofísicos se usan para describir la destrucción devastadora? (Ap 16.18-20)

INFORMACIÓN ADICIONAL

¿Cuánto pesaba el granizo que caía del cielo? (Verifique en sus notas de estudio o referencias al margen en su Biblia [o en la «Tabla de pesos y medidas» en un diccionario de la Biblia] para determinar el peso aproximado de un «talento» en kilogramos modernos.)

¿Cuán similar es esto a otras ocasiones en las Escrituras cuando Dios usó el granizo como un arma de destrucción? (Véanse Éx 9.13-25; Jos 10.1.)

Así como la Ley de Israel requería que se apedreara al blasfemo hasta la muerte (Lv 24.16), ¡aquí los blasfemadores del fin de los siglos se apedrearán desde el cielo hasta morir!

Apocalipsis 16.19 dice que la «gran ciudad» es dividida en tres partes y que todas las ciudades de todas las naciones caerán igualmente. En Apocalipsis 11.8-13 una «gran ciudad» experimentó un terremoto que mató siete mil personas. ¿Cómo sabemos que esa ciudad era (por lo menos simbólica y espiritualmente) Jerusalén? (Véase Ap 11.8.)

¿Qué otras predicciones geofísicas pueden hallarse en las Escrituras respecto a la ciudad de Jerusalén?

Isaías 2.2

Ezequiel 40.2

Miqueas 4.1

Zacarías 14.10

Sin embargo, en Apocalipsis 17 y 18 veremos que a Babilonia se le llama la «gran ciudad». Tal vez el término simboliza la sede de los imperios terrenales, que caen en el más destructivo terremoto jamás experimentado por la humanidad.

Esta plaga final trae horrorosa destrucción en medio de convulsiones sin paralelo de la naturaleza. ¿Cómo responden a Dios los que sobreviven?

Lección 12 / Los siete espectáculos
Apocalipsis 17.1—20.3

Así como se juzgó a la gente impenitente de la tierra debido a su maldad, los mayores perpetradores del mal encontrarán también su apropiada recompensa en el calendario profético de Dios. Con detalles gráficos, Juan relata la demostración dramática de lo demoníaco y Divino al juzgar Dios al anticristo, al falso profeta, a Satanás y a los sistemas que controlan.

LA BELLA CABALGA SOBRE LA BESTIA
APOCALIPSIS 17.1-18

Cuando el gran terremoto mundial de la última plaga arrasó las ciudades del mundo, Juan llamó la atención a una ciudad en particular. ¿Cuál es? (Ap 16.19)

En Apocalipsis 17 y 18 Juan vuelve a visitar esa destrucción y analiza en detalle la caída de Babilonia, a la cual llama «BABILONIA LA GRANDE» y «LA MADRE DE LAS RAMERAS» (Ap 17.5). Esta referencia parece indicar que tiene hijas que también son «rameras». Una ramera es una mujer que fornica por ganancia económica o comercial.

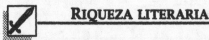 RIQUEZA LITERARIA

Han fornicado, *porneuo*; Strong #4203: Compare «pornográfico» y «pornografía». Tener coito sexual ilícito, ser infiel, prostituirse uno a sí mismo. La palabra se emplea en sentido

literal (Mc 10.19; 1 Co 6.18; 10.8; Ap 2.14,20) y también me-
tafóricamente, para describir fornicación espiritual, es decir,
idolatría (Ap 17.2; 18.3,9).[1]

¿En qué términos se indica la influencia y autoridad de la mujer? (Véase Ap 17.1-2,15.)

En Apocalipsis 17.3-6 se dice que esta ramera se sienta sobre
una bestia con siete cabezas y diez cuernos. ¿Cómo se relaciona
esto con la descripción del dragón en el capítulo doce (Ap 12.3) y
la bestia que sale del mar en el capítulo 13? (Ap 13.1)

Esta mujer está vestida de ropajes de realeza y prosperidad.
¿Cómo se contrasta eso con la mujer piadosa descrita por Pablo en
1 Timoteo 2.9-10?

La riqueza de la mujer se describe porque estaba «adornada
de oro, de piedras preciosas y de perlas». Compare esto con la
admonición de Pedro a las mujeres piadosas (1 P 3.3).

¿Cómo nos ayudan estas cuestiones gemelas de la inmoralidad
e idolatría, que en el Antiguo Testamento se las llama «abomina-
ciones ante Dios» (1 R 14.22-24; 2 R 21), a explicar el nombre que
la misteriosa mujer llevaba en su frente?

¿Cómo se contrasta esto con el nombre escrito en la frente de
los 144,000 en Apocalipsis 14.1?

¿Qué indica que esta «mujer», a quien se le llama «Babilonia» y «la madre de las rameras», ha estado persiguiendo a los creyentes en Cristo Jesús? (cf. Ap 6.10; 16.5-6; 18.24)

En Apocalipsis 17.7-11 el ángel le dice a Juan el significado detrás del misterio (Ap 17.7) de algunos de estos símbolos. Enfoca a la bestia que tiene siete cabezas y diez cuernos. El imperio de la bestia final representa a los siete imperios bestiales previos, cinco de los cuales han surgido y desaparecido («cinco de ellos han caído»), «uno es», y el otro vendría en el futuro y duraría «breve tiempo».

¿Qué más sabemos acerca de este Cristo falso? Mencione lo que encuentra en estos versículos:

- Ezequiel 38.2,14-17

- Daniel 11.36

- Mateo 24.15-21

- 2 Tesalonicenses 2.2-4,9

- Apocalipsis 12.13-17

- Apocalipsis 13.3,12

- Apocalipsis 17.8

Los diez cuernos en Apocalipsis 17.12-13 se dice que representan la federación de diez naciones que le dará su poder y fuerza a la bestia (compárese Dn 7.23-24 con Ap 13.1). Unidos, se reunirán para hacer guerra contra el Cordero, tratando de evitar que establezca su reino mesiánico universal (Ap 19.19). El Armagedón decide su terrible destino.

La mujer escarlata es tanto un sistema religioso como una ciudad (Ap 17.18) que estará «sentada sobre una bestia» por un tiempo. Pero finalmente, cuando se establezca la adoración de la bestia (Ap 13.4,14-15), la coalición de reyes luchará contra la opresión de su libertad y finanzas y reaccionará con venganza.

¿Qué le harán? (Véase Ap 17.16.)

¿Cómo encaja esto en los planes de Dios? (v. 17)

LA CAÍDA DE BABILONIA LA GRANDE
APOCALIPSIS 18.1-24

En Apocalipsis 17 vemos a Babilonia como un centro religioso, mientras que en el capítulo 18 se ve en sus aspectos social y comercial. Un gobierno impío destruyó a una iglesia sin Cristo en el capítulo 17, pero en el capítulo 18 Dios mismo destrona a este gobierno impío.

Los primeros diez versículos de Apocalipsis 18 describen la caída de «Babilonia la grande» desde la perspectiva de los amigos y aliados que lamentan su caída y destrucción.

Los versículos 1-3 dan varias razones para la caída de Babilonia: Anótelas:

Los versículos 4 y 5 contienen un ruego al pueblo de Dios: «Salid de ella». Dios quiere proteger a su pueblo así como quiere castigar a Babilonia. ¿Qué le sugiere esta referencia con respecto a los santos que aún estén en el mundo durante esta fase del período de la tribulación? ¿Por qué?

Babilonia está recibiendo una doble porción de la ira de Dios en justa retribución por su ira en contra del pueblo de Dios (Ap 18.6-8). ¿Con cuánta rapidez se le pagará cuando este se ejecute? (vv. 8,11).

Parece que muchos lamentarán la caída de esta gran ciudad (Ap 18.9,11,15). Indique cómo responderán por la caída de Babilonia cada uno de los siguientes afectados (18.9-20):

- Los reyes de la tierra:

- Los comerciantes de la tierra:

- Los pilotos y marineros del mundo:

- El cielo, junto con los santos apóstoles y profetas:

 ENTRE BASTIDORES

«Cuando el libro de Apocalipsis se escribió, quizás Babilonia era una especie de nombre en clave para la Roma precristiana que estaba construida sobre siete colinas (Ap 17.9) y que ya había perseguido a la Iglesia. Desde ese tiempo, generaciones de cristianos han podido identificar sus propias Babilonias y han hallado confianza en el mensaje de Apocalipsis».[2]

LA IGLESIA SE REGOCIJA POR EL JUICIO SOBRE BABILONIA
APOCALIPSIS 19.1-10

Una gran multitud en el cielo (la «iglesia triunfante») empieza a regocijarse por la caída de Babilonia. Dos veces en esta expresión espontánea de alabanza se usa la palabra «aleluya». En el Nuevo

Testamento, esta palabra (que significa «alabado sea el Señor») aparece sólo en este pasaje particular de alabanza.

En Apocalipsis 19.5 surge una voz del trono amonestando a los santos a alabar al Señor. ¡Entonces la gran multitud responde y se regocija!

¿Cuál es la base para la bendición que se relata en Apocalipsis 19.9?

¿Cómo deberían los santos pensar en los ángeles y relacionarse con ellos? (Véanse Ap 19.10; Col 2.18; Heb 1.13-14.)

Apocalipsis 19.7-9 relata la preparación de la Esposa de Cristo para la cena de las bodas del Cordero. La preparación del vestido nupcial de la novia también se presenta claramente en la parábola de la fiesta de bodas en Mateo 22.1-14.

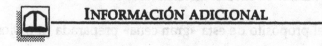 **INFORMACIÓN ADICIONAL**

Es interesante notar que en este mismo capítulo se hace mención a dos cenas. La primera es la de las bodas del Cordero (Ap 19.7-9). La otra es una cena que Dios preparará para las aves del cielo para que consuman la carnicería después de la batalla del Armagedón (vv. 17-18), en la llanura de Jezreel, al este del monte Carmelo.

No es de sorprenderse que a Juan se le instruyó a que escribiera: «Bienaventurados los que son llamados a la cena de las bodas del Cordero» (Ap 19.9).

CRISTO VIENE SOBRE UN CABALLO BLANCO
APOCALIPSIS 19.11-16

En lo que resta de Apocalipsis 19 se describe la emocionante Segunda Venida de Jesucristo a la tierra. Las características, compañeros y conquistas del Salvador que vuelve se dan como la culminación hacia la cual se ha estado moviendo todo el libro de Apocalipsis.

Jesús entró originalmente en Jerusalén como el Mesías cabalgando en un humilde asno (Zac 9.9; Mt 21.1-11). ¡Esta vez viene sobre un caballo blanco, símbolo de conquista y victoria!

¿Cuáles son los cuatro nombres o títulos mencionados en Apocalipsis 19.11-16 para este Jinete que cabalga un caballo blanco?

También se le identifica por sus atributos, obras y compañeros. Anote estas cosas a continuación:

LA GRAN CENA DE DIOS
APOCALIPSIS 19.17-19

Como ya mencionamos, hay dos cenas diferentes que se indican en este capítulo. La primera es la de las bodas del Cordero (Ap 19.7-9). La otra es la cena que Dios preparará para las aves de la tierra, que vuelan en medio del cielo (vv. 17-18).

¿Cuál es el propósito de esta «gran cena» preparada por Dios? (Véase v. 18.)

LA BESTIA Y SUS EJÉRCITOS DERROTADOS EN ARMAGEDÓN
APOCALIPSIS 19.20-21

El Jinete del caballo blanco procede a lidiar primero con los miembros de la «trinidad impía». Mencione a los que «fueron lanzados vivos dentro de un lago de fuego que arde con azufre»:

¿Qué hace Él con los ejércitos de la tierra que se han identificado con los enemigos de Cristo?

SATANÁS ATADO POR MIL AÑOS
APOCALIPSIS 20.1-3

¿Qué restricción especial está reservada para Satanás? (Véase Ap 20.1-3.)

Haga una lista de los nombres que se usan en el versículo 2 para identificar al maligno.

¿Por cuánto tiempo se atará a Satanás? ¿Por qué?

¿Por qué, en su opinión, será de nuevo puesto en libertad al final de ese tiempo? (Véanse 19.3; 20.7-10.)

 SONDEO A PROFUNDIDAD

«Hay dos posiciones fundamentales sobre el reinado de Cristo durante este período de 1.000 años o "Milenio". La interpretación *premilenial* sostiene que después de la victoria del cap. 19, Cristo establecerá un reino terrenal, y reinará con los santos resucitados en paz y justicia por mil años, que puede ser un lapso real de tiempo, o el símbolo de un período indeterminado. Al final de este período Satanás dirigirá una última rebelión que fracasará, y se iniciará la nueva época en el mundo por venir.

»La interpretación del *milenio ya realizado* (también llamado "amilenial" o del "milenio presente") sostiene que los mil años simbolizan el período entre los dos advenimientos de Cristo, ya sea su realización completa o progresiva. Según este punto de vista, el reino milenial es espiritual, no un gobierno político de los santos, y tiene lugar con Cristo ahora, no importa que el creyente esté en el cielo o en la tierra».[3]

NOTA: Sin duda, el estudiante serio querrá examinar los ocho cuadros que ilustran los varios puntos de vista premilenarista, posmilenarista y amilenarista, que aparecen en las páginas 1698-1701 de la *Biblia Plenitud*.

 FE VIVA

Aun cuando es estimulante estudiar acerca del reinado futuro de Cristo con sus santos aquí en la tierra, es importante recordar que Él es **ahora** el Rey de reyes y Señor de señores.

Jesús enseñó a sus discípulos que «el reino de Dios está entre vosotros» (Lc 17.21). Al andar con Él en obediencia y santidad, su autoridad y unción se nos transfiere para realizar las tareas de su Reino en su lugar (Is 61.1-3; Lc 4.18; Jn 1.16; 1 Jn 2.20,27; 4.17). La plena consumación de su Reino espera su regreso literal y físico. Hasta ese tiempo, sirvámosle usando «las llaves del reino» que nos ha otorgado.

Lección 13/ *Las siete visiones*
Apocalipsis 20.4—22.21

En la secuencia de las visiones de Juan, el período milenial de mil años se levanta como un valle pacífico entre las dos grandes batallas mundiales: la batalla del Armagedón (Ap 19.11-21) y la rebelión de Gog y Magog (Ap 20.7-10). En este escenario largamente esperado el Rey consuma su gobierno y reinado sobre la tierra.

LOS SANTOS REINAN CON CRISTO POR MIL AÑOS
APOCALIPSIS 20.4-6

¿De quién se habla específicamente que vivirá y reinará con Cristo durante este período de mil años?

Compare y haga un contraste entre esta promesa y las dadas en Apocalipsis 2.26-28; 3.12,21; 12.11 y 1 Corintios 6.2-3.

¿Qué similitudes puede ver con el relato del «Anciano de días» de Daniel 7.9,22 y 27?

¿Qué término se usa en Apocalipsis 20.5 para describir esta experiencia común de estos santos?

¿Cuándo resucitará el resto de los muertos para enfrentar el juicio? (Véanse 20.5-6,12-15; Jn 5.28-29.)

¿Qué indica que estos creyentes resucitados serán recompensados con responsabilidades políticas y religiosas?

LA LIBERACIÓN Y EL FIN DEL ADVERSARIO
APOCALIPSIS 20.7-10

¿De dónde vienen las «naciones» cuando a Satanás se le permite engañarlas después de su liberación de su encarcelamiento milenario? (Véanse Is 66.18-23; Mt 19.28; 25.31-46.)

 ## DE UN VISTAZO

Interpretaciones de Apocalipsis 20.1-6[1]		
Posmilenarista	Amilenarista	Premilenarista*
Cristo volverá *después* de los mil años. Una edad dorada sobre la tierra viene por el triunfo del evangelio mediante la Iglesia.	No hay mil años literales del Reino de Cristo sobre la tierra.	La venida de Cristo *precederá* al establecimiento de su Reino literal sobre la tierra.
Algunos ven los mil años como literales, pero otros los ven como simbólicos	Se ve a Cristo actualmente reinando en: 1) los corazones humanos, 2) los cielos, o 3) la Iglesia.	Cristo y sus santos reinarán con Él sobre la tierra en cumplimiento de la profecía del AT y del NT.
	Se entiende que los mil años representan simbólicamente un período extenso.	Se entiende que los mil años predicen un Reino futuro literal de paz y justicia sobre la tierra.
*Este punto de vista explica mejor el cap. 20 y es el que se apoya en las notas de estudio.		

¿Qué revela Apocalipsis 20.8b acerca de la explosión demográfica durante el Milenio?

SONDEO A PROFUNDIDAD

«Al final de los mil años, *Satanás será suelto de su prisión* para *engañar* otra vez a los que moran en la tierra. Parece que muchos de los que se sometieron a la regla de Cristo durante el milenio, lo hicieron sin estar internamente comprometidos con el Señor. El engaño final de Satanás los separa de aquellos que se habían sometido sinceramente al Señor. Esta es la última insurrección que tolerará el Señor. Satanás será enseguida *lanzado en el lago de fuego* y atormentados... *por los siglos de los siglos*».[2]

Aun cuando Satanás fue condenado en la cruz, su sentencia final se ha detenido hasta que nuestro soberano Dios haya acabado de usarlo para sus propios propósitos. Ahora, después del Armagedón, Satanás es echado «en el lago de fuego y azufre». Compare este lugar con el sitio «preparado para el diablo y sus ángeles» mencionado en Mateo 25.41.

¿Quién ya está en el «lago de fuego»? (Véase Ap 19.20.)

¿Cuándo se les unirán en este lugar de tormento eterno los no salvos de todas las edades? (Véanse Lc 16.22-24; Ap 20.11-15.)

Si la bestia y sus ejércitos ya han sido destruidos (Ap 19.19ss), ¿quién es Gog y Magog? (Ap 19.8)

¿Cuán numeroso es el ejército de rebeldes que Satanás reúne para rodear «el campamento de los santos y la ciudad amada»?

¿Qué sabemos del amor de Dios por la ciudad de Jerusalén? (Véanse Sal 78.68; 87.2.)

¿Cómo trata Dios con los rebeldes y con el diablo que los engañó?

EL JUICIO DEL GRAN TRONO BLANCO
APOCALIPSIS 20.11-15

Este juicio final de los muertos incrédulos se coloca en contraste con el juicio de recompensas ante el tribunal que experimentan los creyentes (1 Co 3.13-15; 2 Co 5.9-10).

¿Cómo son juzgados los muertos? (Véase Ap 20.12-13.)

¿Habrá grados de castigo para los incrédulos? (Véase Mt 11.20-24.)

¿Cuál es el destino final de los que son juzgados? (20.14-15)

EL CIELO Y LA TIERRA RENOVADOS
APOCALIPSIS 21.1-8

Dios originalmente creó la tierra y la atmósfera celestial que la rodea para que fuera el hogar permanente del hombre. La declaró «buena» y delegó al hombre el gobierno del planeta tierra. Pero cuando el hombre cayó de su lugar de relación con Dios, también perdió su derecho de gobernar esta tierra.

Desde entonces «toda la creación gime a una, y a una está con dolores de parto hasta ahora» (Ro 8.22), conforme los designios destructores de Satanás se multiplican. En Apocalipsis 21, con la eliminación de Satanás, la redención de Dios alcanza incluso a su creación al renovar el cielo y la tierra.

¿Cómo podrían apuntar las predicciones de Pedro (2 P 3.10-13) a este suceso posmilenarista?

¿Qué indica que la nueva tierra tendrá también un medio diferente? (Compárese Ap 21.1 con 22.1.)

No sólo Dios ha planeado un *nuevo medio* para su pueblo, sino también una *nueva experiencia de intimidad*. Antes, Pablo explicó que «vemos por espejo, oscuramente», pero «cuando venga lo perfecto», veremos y nos relacionaremos «cara a cara» (1 Co 13.12). Juan explica (Ap 21.3) que en la nueva tierra Dios ha decidido poner el «tabernáculo» con nosotros; morar con su creación de una manera nueva e íntima.

El versículo 4 indica que los ciudadanos del reino celestial también tendrán nuevas emociones. ¿Qué cosas negativas dejarán de existir? (Véanse los vv. 3-4.)

Los «vencedores» heredarán las «nuevas» cosas mencionadas en los versículos 1-6. Repásalas y resúmelas aquí.

La gloria de los vencedores se contrasta en el versículo 8 con el destino de los malos cuyos nombres «no se halló inscrito en el libro de la vida» y fueron lanzados al lago de fuego. ¿Cómo se llama esta experiencia? (Véase Ap 21.8b.)

LA NUEVA JERUSALÉN
APOCALIPSIS 21.9—22.5

Si la nueva Jerusalén es la novia de Cristo y si los cristianos son los habitantes de dicha ciudad, las Escrituras se referirían a los creyentes, los habitantes de la nueva Jerusalén, como la Esposa de Cristo. (Compárese Ap 21.2,9-10.)

¿Cómo describe Juan la luz que emana de la ciudad santa?

¿Qué piedras y metales preciosos se mencionan como transparentes y cuáles como adornos?

¿Qué hay de singular respecto a la construcción de la muralla, las puertas y el cimiento de la ciudad?

Esta nueva Jerusalén, la ciudad capital del «nuevo cielo y la nueva tierra», es también singular por lo que no hay allí. Este estado eterno se distingue del período milenial por las cosas que faltan. ¿Cuántas cosas faltantes puede hallar en los siguientes versículos de Apocalipsis 21 y 22?

- 21.4

- 21.22

- 21.23; 22.5

- 21.25; 22.5

- 21.27

- 22.3

Los primeros dos versículos de Apocalipsis 22 nos hablan de un río de vida «que salía del trono de Dios y del Cordero». ¿Cómo se compara esto con el agua que Jesús dijo que daría? (Compárense Jn 7.37-39 y Jn 4.13-14.)

El río estaba localizado en medio de una calle en la nueva ciudad. A cada lado de las orillas del río hay un árbol especial. ¿Cómo se llama?

¿En que parte de las Escrituras recuerda haber leído acerca de este árbol? (Véanse Gn 2.9; 3.22; Ez 47.12.)

¿Qué hay de singular respecto a su fruto y sus hojas?

EXHORTACIÓN EN RESUMEN
APOCALIPSIS 22.6-19

En esta exhortación final en resumen, siete testigos confirman y testifican la autenticidad del mensaje:[3]

1. Dios a través de su ángel (Ap 22.6)
2. Juan (Ap 22.8-9)
3. El testimonio del ángel (Ap 22.10-11)
4. El Señor Jesús (Ap 22.12)
5. El Espíritu (Ap 22.17)
6. La Esposa
7. El que oye

UNA AFIRMACIÓN FINAL
APOCALIPSIS 22.20-21

Jesús reitera su promesa de regresar. Sirve como una aseveración final de esa bendita esperanza.

Añadida a esa esperanza, Juan nos recuerda la gracia de Dios. Se levanta en agudo contraste con la ira y los juicios que ha revelado en «el resto de la historia».

 FE VIVA

«Entre las últimas palabras de la Biblia está esta promesa del Señor Jesús: "Ciertamente vengo en breve". Esta bendita esperanza, la cual fue anunciada por los ángeles y declarada por los apóstoles, es reiterada con ternura por el Señor, al concluir el sagrado texto que contiene su Palabra. Es como si deseara decir: "Hay mucho en mi Palabra a que ustedes deben prestar atención, pero no dejen que esta esperanza sea opacada; yo regresaré pronto". En compañía de Juan, digamos nosotros también: "Sí, ven, Señor Jesús"».[4]

HASTA EL FIN DE LOS TIEMPOS
(Notas)

LECCIÓN 1: Cómo abordar la profecía

1. «Bible—The Canon of the Bible» [Biblia: El canon de la Biblia], *Nelson's Illustrated Bible Dictionary*, Thomas Nelson Publishers, Nashville, TN, 1986, p. 159.

2. Wilbur M. Smith, *You Can Know the Future* [Usted puede conocer el futuro], Regal Books, Gospel Light Publications, Ventura, CA, 1971, p. 23.

3. «Dinámica del Reino: "El Día de Jehová" en la profecía», *Biblia Plenitud*, Editorial Caribe, Miami, FL, 1994, p. 1098.

4. «Así es el Apocalipsis», *Ibid.*, pp. 1702-1703.

LECCIÓN 2: Cuestión de integridad

1. *Merriam-Webster's Collegiate Dictionary*, 10ª ed., Springfield, MA, 1993, p. 608.

2. *Biblia Plenitud*, mapa de la p. 485.

LECCIÓN 3: Los sueños perturbadores y sus detalles

1. «Caldeos», *Nelson's Illustrated Bible Dictionary*, Thomas Nelson Publishers, Nashville, TN, 1986, p. 215.

2. *The Believer's Study Bible* [La Biblia de estudio del creyente], Thomas Nelson Publishers, Nashville, TN, en notas a Daniel 4.19,32,33, pp. 1186-87.

LECCIÓN 4: Un panorama de la profecía

1. *Biblia Plenitud*, en nota a Daniel 7.1, p. 1046.

2. «Dinámica del Reino: El Antiguo Testamento: la posesión del Reino», *Biblia Plenitud*, p. 1047.

3. *The Believer's Study Bible*, Thomas Nelson, Publishers, Nashville, TN, 1991, en notas a Daniel 8.8, pp. 1192-1193.

4. *Ibid.*, en nota a Daniel 8.9.

5. *Biblia Plenitud*, en notas a Daniel 8.9-14, p. 1048.

6. «Verdad en acción a través de Daniel» #4, *Ibid.*, p. 1055.

LECCIÓN 5: Restauración y recompensa de Israel

1. *The Believer's Study Bible*, Thomas Nelson Publishers, Nashville, TN, 1991, p. 1198.

2. *Biblia Plenitud*, mapa de la p. 563.

3. Sir Robert Anderson, *El Príncipe que ha de venir*, Editorial Portavoz, Grand Rapids, MI, 1980 (p. 127 del original en inglés).

4. «Riqueza literaria: 9.25 Mesías», *Biblia Plenitud*, p. 1050.

5. C.S. Lovett, *Latest Word on the Last Days* [La palabra más reciente sobre los últimos días], Personal Christianity Chapel, Baldwin Park, CA, 1980, p. 134.

LECCIÓN 6: La historia mundial revelada

1. *Biblia Plenitud*, en nota a Daniel 10.13, p. 1051.

LECCIÓN 7: Las cartas a las siete iglesias

1. *Biblia Plenitud*, Editorial Caribe, Miami, FL, 1994, p. 1704.

2. «Riqueza literaria: 1.5 testigo», *Ibid.*, pp. 1708-09.

3. «Dinámica del Reino: Adoración y alabanza», *Ibid.*, p. 1709.

4. *Biblia Plenitud*, en nota a Apocalipsis 1.9, p. 1710.

5. *Ibid.*, en nota a Apocalipsis 1.10, p. 1710.

6. *Biblia Plenitud*, en tabla de la p. 1711.

7. «New Testament Heretics» [Herejes del Nuevo Testamento], *The Bible Almanac*, J. Packer, M. Tenney, W. White, eds., Thomas Nelson Publishers, Nashville, TN, 1980, p. 537.

8. Jack W. Hayford con Gary Curtis, *Pathways to Pure Power (1 Corinthians)* [Senderos al poder puro (1 Corintios)], Thomas Nelson Publishers, 1994, p. 77.

LECCIÓN 8: Los siete sellos

1. «Riqueza literaria: 4.10 adoran», *Biblia Plenitud*, p. 1716.
2. «Dinámica del Reino: Diversas interpretaciones del Apocalipsis», *Biblia Plenitud*, p. 1715.
3. Jack W. Hayford, «A Survey of the Book of Revelation» [Estudio sobre el libro de Apocalipsis], Living Ways Ministries, Van Nuys, CA, 1991, p. 3.
4. Jack W. Hayford, «Unlocking Revelation Study Notes» [Notas de estudio para abrir el libro de Apocalipsis], Living Ways Ministries, Van Nuys, CA, 1991, p. 7.
5. *Ibid.*, p. 6.
6. *Biblia Plenitud*, en nota a Apocalipsis 7.14, p. 1720.
7. Jack W. Hayford, «A Survey of the Book of Revelation», p. 3.

LECCIÓN 9: Las siete trompetas

1. Jack W. Hayford, «A Survey of the Book of Revelation», Living Way Ministries, Van Nuys, CA, 1985, p. 4.
2. *Ibid.*, p. 5.
3. *Ibid.*, p. 6.
4. *Biblia Plenitud*, en nota a 1 Corintios 15.51-52, p. 1503.
5. John L. Dudley, *The Harvest* [La cosecha], Inspirational Publishing Co., Peterborough, NH, 1984, pp. 66-67. Jack W. Hayford, «Unlocking Revelation: The Heavenly Temple» [Descubriendo el Apocalipsis: El templo celestial], Living Way Ministries, Van Nuys, CA, p. 15.

LECCIÓN 10: Las siete señales

1. *Biblia Plenitud*, en nota a Apocalipsis 11.19, p. 1724.
2. *Ibid.*, en nota a 2 Tesalonicenses 2.6,7, p. 1588.
3. *Biblia Plenitud*, en nota a Apocalipsis 13.18, p. 1728.
4. Jack W. Hayford, «Majestad», trad. J. Himitian, *Adoremos cantando*, © 1987, Editorial Logos, Buenos Aires, Argentina. Reservados todos los derechos. Usado con permiso.

LECCIÓN 11: Las siete copas

1. «Riqueza literaria: 15.5 testimonio», *Biblia Plenitud*, p. 1730.
2. Jack W. Hayford, «Unlocking Revelation Study Notes», Living Way Ministries, Van Nuys, CA, p. 15.

LECCIÓN 12: Los siete espectáculos

1. «Riqueza literaria: 17.2 han fornicado», *Biblia Plenitud*, p. 1732.
2. «Babylon in the New Testament» [Babilonia en el Nuevo Testamento], *Nelson's Illustrated Bible Dictionary*, Thomas Nelson Publishers, Nasvhille, TN, 1986, p. 126.
3. *Biblia Plenitud*, en notas a Apocalipsis 20.1-8, pp. 1736-37.

LECCIÓN 13: Las siete visiones

1. *The Believer's Study Bible*, Thomas Nelson Publishers, Nashville, TN, en «Interpretations of Revelation 20.1-6», p. 1825.
2. *Biblia Planitud*, en notas a Apocalipsis 20.7-10, p. 1738.
3. *Ibid.*, en notas a Apocalipsis 22.6-20, p. 1740.
4. «Dinámica del Reino: "Ciertamente vengo en breve"», *Ibid.*, p. 1741.

Printed in the USA
CPSIA information can be obtained
at www.ICGtesting.com
LVHW030712050824
787165LV00011B/136